キャリア教育に活きる！

仕事ファイル

センパイに聞く

39

デザインの仕事

近距離モビリティ設計者

公共トイレの設計者

WEBグラフィックデザイナー

ランドスケープデザイナー

コミュニティデザイナー

小峰書店

小峰書店 編集部 編著

39 デザインの仕事

Contents

※この本に掲載《けいさい》している情報《じょうほう》は、2023年4月現在《げんざい》のものです。

File No.222

近距離《きんきょり》モビリティ設計者《せっけいしゃ》

Short-Distance Mobility Engineer

WHILL《ウィル》
大西正悟《おおにししょうご》さん
入社5年目 33歳《さい》

「車イス」の型《かた》をやぶった、だれもが便利に使える新しい乗り物を開発します

歩道や屋内で歩行の代わりに使えて、電車やタクシーなどの公共交通機関にもそのまま乗れる乗り物「近距《きんきょ》離《り》モビリティ」が次々に開発されています。「WHILL《ウィル》」は、この分野の代表的な商品のひとつです。設計《せっけい》を担《にな》う大西正悟《おおにししょうご》さんに、開発にまつわるお話を聞きました。

Q 近距離《きんきょり》モビリティ設計者《せっけいしゃ》とはどんな仕事ですか？

　高齢者《こうれいしゃ》や体が不自由な人もふくめて、すべての人が自由に移動《いどう》できる乗り物をつくる仕事です。開発した「WHILL《ウィル》」は、免許《めんきょ》なしで歩道や屋内を走ることができる近距離《きんきょり》モビリティです。片手《かたて》で楽に操作《そうさ》ができ、方向転換《ほうこうてんかん》も簡単《かんたん》です。

　近距離《きんきょり》モビリティを設計《せっけい》する仕事は、世の中で何が求められているかを調査《ちょうさ》しながら製品《せいひん》の機能《きのう》やかたちを考え、企画《きかく》を出すことから始まります。それから設計図《せっけいず》をかき、試作品をつくります。その後、実際《じっさい》に安全に走れるかを検査《けんさ》します。問題があれば、設計《せっけい》を見直し、試作品をつくり直し、検査《けんさ》する、の作業をくりかえします。無事、検査《けんさ》に合格《ごうかく》したら金型《かながた》※をつくり、工場に生産を依頼《いらい》します。

　杖《つえ》を使って歩く人のなかには、まわりの人の目を気にしてしまうという理由で、乗り物を使わずがまんして歩く人もいます。だから、体の障《しょう》がいや歩きづらさが、欠点ではなくむしろ個性《こせい》としてかっこよく見えるように、デザインと設計《せっけい》に徹底的《てっていてき》にこだわりました。じつは、「WHILL《ウィル》」の座席《ざせき》は、座《すわ》ると自然に背筋《せすじ》がのびるように設計《せっけい》しています。「WHILL《ウィル》」も乗っている人もどちらもかっこいいことが、とても大事です。

　見た目に関するアイデアはおもにデザイナーが担当《たんとう》します。しかし、見た目だけを追求しても開発はできません。デザインもふくめ、お金や品質《ひんしつ》、かけられる時間などすべてをバランスよく考え、最終的にお客さんに届《とど》けられる製品《せいひん》を実現《じつげん》するのが私の仕事です。デザイナーと設計者《せっけいしゃ》はたがいに意見を出しながら、二人三脚《ににんさんきゃく》で開発に取り組んでいます。

大西《おおにし》さんのある1日

10:00　出社。その日にやることを決める
▼
10:30　社内や社外のスタッフと打ち合わせ
▼
12:00　ランチ
▼
13:00　設計作業《せっけいさぎょう》をする
▼
15:00　散歩をする
▼
15:30　会議のための資料《しりょう》づくりをする
▼
17:00　試作品の検査《けんさ》をする
▼
19:00　検査《けんさ》から得《え》られた情報《じょうほう》を社内に共有して退社《たいしゃ》

おどろくほど小まわりが利《き》く秘密《ひみつ》は、タイヤにある。小さなタイヤが組み合わさってひとつの車輪になっているため、スムーズに方向転換《ほうこうてんかん》ができる。

「WHILL《ウィル》」設計者《せっけいしゃ》の仕事の流れ

❶ 企画提出《きかくていしゅつ》・設計図制作《せっけいずせいさく》

人々に、より必要とされるモビリティ（乗り物）を考え、新商品として提案《ていあん》する。設計者《せっけいしゃ》が設計図《せっけいず》をかき、デザイナーが見た目をデザインする。

▶

❷ 試作と検査《けんさ》をくりかえす

設計者《せっけいしゃ》とデザイナーで案を練り上げ、かたちにしていく。目的にかなうものができるまで、設計《せっけい》図《ず》や金型《かながた》をつくり、試作品をつくる。試作品を何度も検査《けんさ》して、製品化《せいひんか》に必要なデータをとる。

▶

❸ 必要なお金と時間を割《わ》り出《だ》す

製品化《せいひんか》のめどがたったら、新商品ができるまでに必要なお金と時間を計算し、商品化の計画を立てる。

▶

❹ 工場に生産を依頼《いらい》

商品化が決まったら、国内、海外（「WHILL《ウィル》」の場合は中国や台湾《たいわん》）の工場に生産を依頼《いらい》する。

▶

❺ メンテナンス

販売後《はんばいご》、不具合の修理《しゅうり》など、メンテナンス対応《たいおう》を設計者《せっけいしゃ》が行う場合もある。設計者《せっけいしゃ》が聞いたお客さんの声を、改良や新商品開発に役立てることもある。

用語　※ 金型《かながた》 ⇒ 溶《と》かしたプラスチックを流しこむための「型《かた》」のこと。大量生産のための工具。

仕事の魅力《みりょく》

Q どんなところがやりがいなのですか？

　だれもが生きやすくなる社会のためのアイデアをかたちに変え、お客さんに届《とど》けられるところです。

　「WHILL《ウィル》」は、車イス＝歩行が困難《こんなん》な人が乗るもの、といった世の中の既成概念《きせいがいねん》を変えるというアイデアから生まれた乗り物なので、多くの人が乗りたいと思ってくれたらうれしいです。「WHILL《ウィル》」が街なかにあふれて、たくさん利用されるようになれば、体が不自由な人をふくめ、だれもが生きやすい社会を実現《じつげん》できると思います。実現《じつげん》へ貢献《こうけん》できることに、やりがいを感じます。

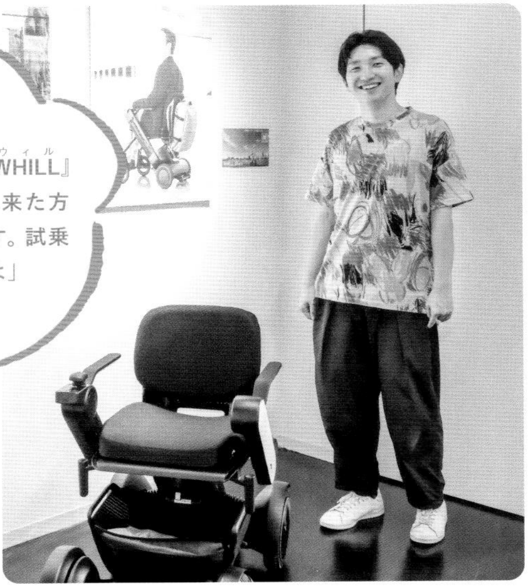

「会社の入り口に『WHILL《ウィル》』を置いて、会社に来た方に紹介《しょうかい》しています。試乗もしてもらえますよ」

Q 仕事をする上で、大事にしていることは何ですか？

　目的を明確《めいかく》にして余分《よぶん》なものをそぎ落とすことです。設《せつ》計《けい》の仕事では、いろんなものを足してしまいがちなのですが、複雑《ふくざつ》な構造《こうぞう》になればなるほどコントロールが難《むずか》しくなり、こわれる可能性《かのうせい》が高まります。シンプルなつくりにすることで安全でこわれにくい製品《せいひん》となり、見た目もすっきりします。

　シンプルにするには、目的を明確《めいかく》にすることが大切です。「これさえ達成すればあとは必要ない」と判断《はんだん》できるので、目的がぶれていないかをつねに問い直しながら進めています。

Q なぜこの仕事を目指したのですか？

　新しいものや新しい価値《かち》を生み出す仕事をしたいと考えたからです。私は宇宙《うちゅう》が好きで、この仕事に就《つ》く前はロケットや飛行機に関わる仕事をしていました。でも、仕事をするうちに、宇宙《うちゅう》そのものが好きなわけではないことに気づきました。未知な部分が多く、可能性《かのうせい》が無限大《むげんだい》であるところに夢《ゆめ》とロマンを感じていたんです。

　WHILL《ウィル》という会社を知ったときに、足が不自由な人の移《い》動《どう》のしづらさだけでなく、心の壁《かべ》までなくすことで、後ろ向きな気持ちを前向きに変えられるというところにロマンを感じました。今の社会ではまだ実現《じつげん》されていないので、とても夢《ゆめ》があることだと思ったのです。

　WHILL《ウィル》は大きな会社ではありませんが、だからこそはば広い業務《ぎょうむ》にたずさわれることも魅力《みりょく》に感じています。

平面のCG《シージー》図《ず》を見せながら、社内スタッフに設計《せっけい》案《あん》の説明をする。

モニターでの説明にくわえて、手書きでも説明をする。

Q 今までに どんな仕事をしましたか？

WHILL《ウィル》に入社する前は、飛行機のエンジンなどをつくる会社で、研究チームのリーダーとして働いていました。そこでは、地球に優《やさ》しい未来のエネルギーとして注目されている水素《すいそ》を使った発電用エンジン装置《そうち》の開発を担《にな》いました。大きな会社だったので、最先端《さいせんたん》の技術《ぎじゅつ》と豊富《ほうふ》な資金《しきん》にめぐまれて仕事をする環境《かんきょう》が整っていました。

新エンジンを開発するにあたり、性能《せいのう》の目標を数値化《すうちか》しました。しかし、すべての目標をクリアしたにもかかわらず、結果として完成させることができませんでした。目標が目的からずれてしまっていたんです。この経験《けいけん》から、目的を達成するまでの中間の目標を正しく設定《せってい》すること、正しい方法を考えることがいかに大切かを学びました。

Q 仕事をする上で、難《むずか》しいと 感じる部分はどこですか？

いくらがんばっても、どれだけ時間を使っても、成果が出ないときがあります。最初にうまくいかない方法を選択《せんたく》してしまっている、ということに気づくまでに、時間がかかる場合もあります。私は、うまくいかないと感じるときには、やり方がまちがっていないかを疑《うたが》うようにしています。

行《い》き詰《づ》まったときは、いったんその作業からはなれてリラックスすることも大切です。「こうしなければ」という考えは捨《す》てて、やるべきことを見つめ直す時間をとっています。

「午後の日課として、会社のまわりを散歩します。歩いているときのほうが頭が回転して、よいアイデアが浮《う》かぶこともありますよ」

Q この仕事をするには、 どんな力が必要ですか？

失敗にめげず、失敗からうまく学び、次に活かす力です。商品を設計《せっけい》する過程《かてい》で、思い通りにいかないことやうまくいかないことはたくさんあります。むしろ、一回で成功することはないと思っていたほうがいいでしょう。

だから、ただ失敗するのではなく、どこで失敗したのかをデータとして集めたり、今回失敗したら次に何をすべきかを考えたりしながら取り組むことが大切です。

設計者《せっけいしゃ》にあたえられる時間は、限《かぎ》られています。発売までの期間内にどれだけ試行錯誤《しこうさくご》をくりかえし、ゴールに向かって努力できるかが問われる仕事だと思います。

テストでよい点をとるなど、失敗より成功のほうが価値《かち》があると思う人が多いかもしれませんが、一度も失敗せず成功しかしていないのなら、その体験にあまり価値《かち》はありません。なぜなら、挑戦《ちょうせん》していないことの裏返《うらがえ》しだからです。

本当に価値《かち》があるのは、失敗をのりこえた先にある成功体験です。だから、おそれずに、中学生のうちからどんどん失敗してほしいと思っています。

工具一式

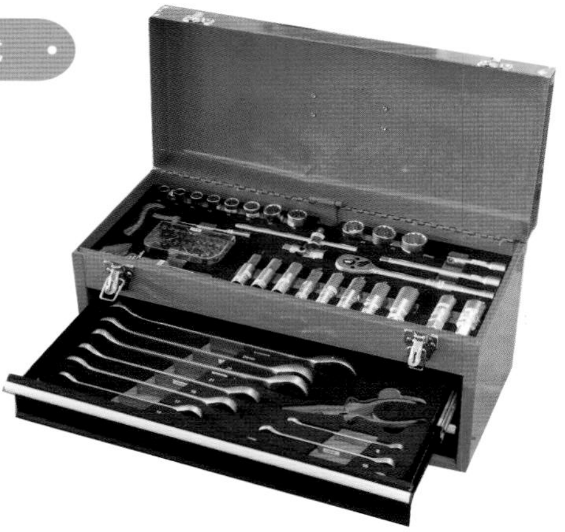

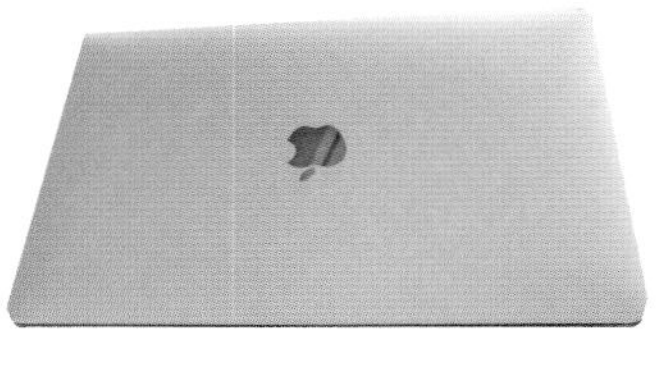

パソコン

PICKUP ITEM

「WHILL《ウィル》」の設計者《せっけいしゃ》は、膨大《ぼうだい》な種類の仕事をこなす。社内や社外のスタッフとつねにやりとりをするのにパソコンは必須《ひっす》。工具は、手もとで試作品を制《せい》作《さく》したり、試作品を検査《けんさ》したりするときに使う。道具類を手際《てぎわ》よく使える技《ぎ》術《じゅつ》も必要だ。

毎日の生活と将来《しょうらい》

Q 休みの日には何をしていますか？

家族とピクニックに行ったり、友だちとバーベキューをしたりして過《す》ごします。人を集めてにぎやかに過《す》ごすのが好きです。

さらに、前職《ぜんしょく》の経験《けいけん》を活かし、個人《こじん》の活動として、子ども向けに小型《こがた》ロケットをつくる教室などを開催《かいさい》しています。会社の仕事をしない時間も働いているといえるので、仕事と休みの境目《さかいめ》はあまりないかもしれません。

休みの日は疲《つか》れをとるための日、という考えは、私にはありません。仕事での疲《つか》れを感じたら、そのときに会社につるしてあるハンモックに横になって休息をとります。その方がよい仕事ができますし、休みの日も充実《じゅうじつ》して過《す》ごせます。

大西《おおにし》さんは科学館に行くことも好きだそう。「東京にある日本科学未来館《にほんかがくみらいかん》のシンボル展示《てんじ》、ジオ・コスモスです。直径6mあるそうです。この科学館では『WHILL《ウィル》』を貸《か》し出《だ》ししていますよ」

「友だちとバーベキューに行きました。屋外で肉を焼いてみんなで食べると、最高においしく感じますね」

Q ふだんの生活で気をつけていることはありますか？

「こうありたい」と思《おも》い描《えが》く自分でいるように気をつけています。人にはだれでも個性《こせい》があります。まわりの人から求められることよりも、自分が好きなもの、心地《ここち》よく感じるものを大切にすることが仕事の成果にもつながると思います。もちろん、苦手なことをしなければならないときもありますが、なるべく自分が調子のよい状態《じょうたい》を保《たも》つようにしています。

例えば私は、派手《はで》でカジュアルな服が好きですが、「ほかの会社の人と会うときに、その服装《ふくそう》はふさわしくない」と指《し》摘《てき》されました。確《たし》かに、きちんとした服装《ふくそう》は相手への礼儀《れいぎ》でもあります。でも、とりあえず適当《てきとう》に外出用の服を買う、というのはいやだったので、きちんと選んで気に入ったスーツを買いました。背筋《せすじ》がのびて、心地《ここち》よく着られました。

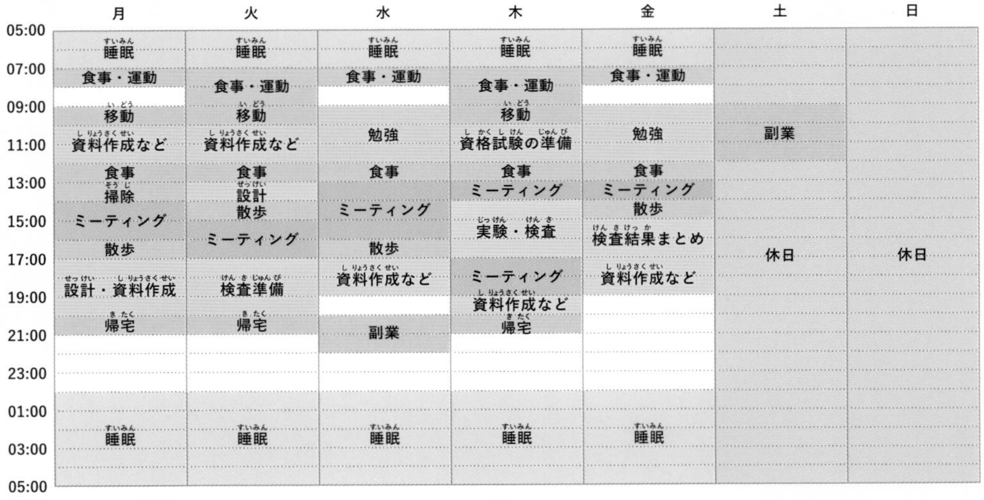

大西《おおにし》さんのある1週間

午前中に、勉強や資格試験《しかくしけん》のための準備《じゅんび》の時間をつくっている。仕事のスケジュールは、自分で自由に組み立てている。

Q 将来《しょうらい》のために、今努力して いることはありますか？

今までの仕事とはちがう環境《かんきょう》に身を置くことで、自分の可能性《かのうせい》を広げようと努力しています。

例えば、会社とは別に教育の仕事をしたり、経営《けいえい》※を学んだり、LINE《ライン》グループをつくって地方の学生と交流したりしています。地方の学生と交流するのは、世の中にはいろいろな大人《おとな》がいて、多くの選択肢《せんたくし》があることを知ってもらいたいからです。

学生にとってだけでなく、自分にとっても、新しい考え方や人と出会うことで知識《ちしき》や世界観が広がるメリットがあります。行動範囲《こうどうはんい》を広げることで、より新しくおもしろいものを生み出し、実現《じつげん》できる人になりたいです。

会社の仲間と雑談《ざつだん》する。「この会社は先輩後輩《せんぱいこうはい》がはっきりせず、だれとでも同じように話ができるのも、いいところです」

Q これからどんな仕事をし、どのように暮《く》らしたいですか？

分野にとらわれず、おもしろいものを生み出すことで、可《か》能性《のうせい》と夢《ゆめ》があふれる社会をつくっていきたいです。

今の世の中には、未来に希望をもてず、下を向いている人がたくさんいます。私が思うのは、希望がもてるかどうかで、幸せの度合いは全くちがうものになるはずということです。

私は、最初の大学に通っていたときに、この大学を卒業しても目標としていた航空宇宙開発《こうくううちゅうかいはつ》の仕事に就《つ》けないことがわかり、大学を辞《や》めて受験をし直した経験《けいけん》があります。当時、大学には友だちがたくさんいて楽しかったのですが、自分の思《おも》い描《えが》いている場所にたどり着けない事実をつきつけられたときに、すべてがむなしくなったんです。

この経験《けいけん》で、未来が拓《ひら》けている感覚をもてるかどうかが、今の生活を豊《ゆた》かにする上でいかに大切であるかに気づかされました。だから、仕事を通じて夢《ゆめ》のあるものをつくることで日本全体をもっと明るくしたいと考えています。

いくつになっても、成功のための失敗をおそれないパワフルな自分でいたいですね。

「分解可能《ぶんかいかのう》なモデルは、簡単《かんたん》に分解《ぶんかい》できるように設計《せっけい》しました。こうすれば車にのせられます」

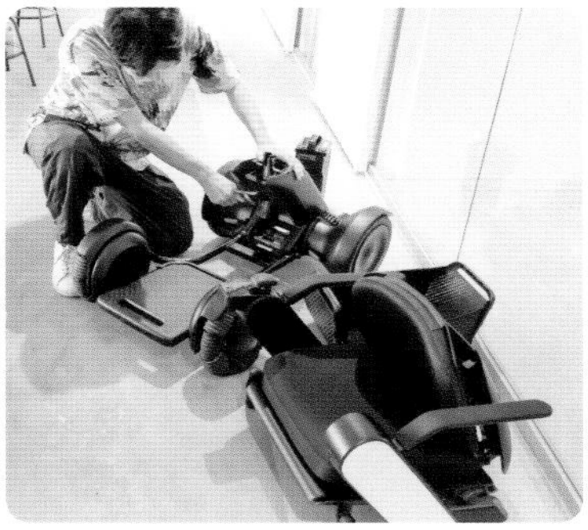

近距離《きんきょり》モビリティ設計者《せっけいしゃ》になるには……

工学系《こうがくけい》の大学に進学して、必要な知識《ちしき》を学びましょう。近距離《きんきょり》モビリティ開発には、機械工学や電気電子工学、情報科学《じょうほうかがく》、デザイン工学など、工学系《こうがくけい》のあらゆる分野の知識《ちしき》が役に立ちます。大学院に進んで、モビリティ開発をテーマにしている研究室に入り、チームを組んで制作《せいさく》を行うなど、技術《ぎじゅつ》を実践的《じっせんてき》にみがくこともおすすめです。

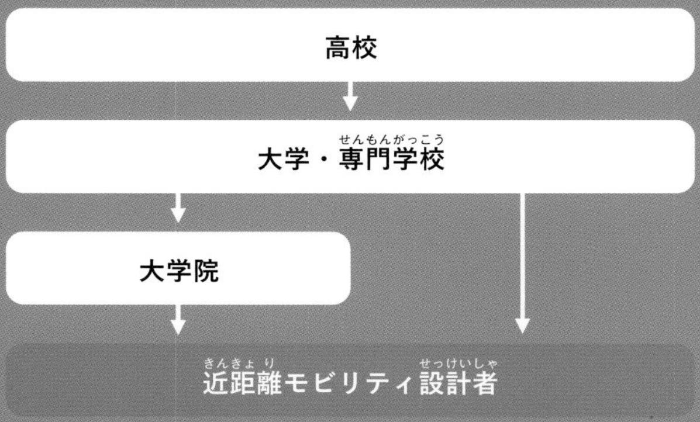

※ この本では、大学に短期大学もふくめています。

用語 ※ 経営《けいえい》 ⇒会社などの組織《そしき》が目的を達成するために、事業の計画を立てて継続的《けいぞくてき》に意思決定していくこと。

子どものころ

Q 小学生・中学生のとき、どんな子どもでしたか？

元気で積極的なムードメーカーでした。ただ、先生から見れば、落ち着きがなくやんちゃな子だったかもしれません。休み時間が終わってから30分も教室にもどらず、先生にしかられたのを覚えています。

私の親は、遊園地のアトラクションや宝塚歌劇団《たからづかかげきだん》の舞台《ぶたい》のセットなどをつくる仕事をしていました。その影響《えいきょう》で当時からわくわくするものが好きでした。遊具にとりつける人形づくりの手伝いは、ものづくりが好きになるきっかけになりましたね。図工が得意《とくい》で、小学生のころは夏休みにつくった課題が学年代表に毎年選ばれていました。

勉強はあまり得意《とくい》ではありませんでしたが、高校に入ってから物理や数学が好きになりました。学校の勉強以外でも科学雑誌《かがくざっし》『ニュートン』などを買って読むほど夢中《むちゅう》になり、今の仕事につながりました。

中学生時代の大西《おおにし》さん。「テニスに熱中していました。自分たちで空き地にコートをつくって、練習にはげみましたよ」

宇宙《うちゅう》マンガ『プラネテス』。宇宙《うちゅう》へのあこがれをかきたてられた。

大学生のときにつくった手づくりロケットの先端部分《せんたんぶぶん》。「このころの気持ちを忘《わす》れないよう、大事に持っています」

大西《おおにし》さんの夢《ゆめ》ルート

小学校 ▶ 大工

大きな建物や天まで届《とど》くような塔《とう》をつくりたかった。

▼

中学校 ▶ 発明家

新しい物をつくりだして、みんなを喜《よろこ》ばせたかった。

▼

高校 ▶ 航空《こうくう》宇宙《うちゅう》開発《かいはつ》分野《ぶんや》のエンジニア※

漠然《ばくぜん》ともっていた、大宇宙《だいうちゅう》や空へのあこがれと発明家へのあこがれが結びついた。

▼

大学・大学院 ▶ 夢《ゆめ》あるモノをつくる人

自分が好きなのは宇宙《うちゅう》ではなく、宇宙《うちゅう》への「夢《ゆめ》」や「わくわく感」なのだと気がついた。その結果、夢《ゆめ》のあるものづくりをする人になることを志《こころざ》した。

Q 子どものころにやっておけばよかったことはありますか？

将来《しょうらい》就《つ》きたい職業《しょくぎょう》を考えるのではなく、もう少し漠然《ばくぜん》と「なりたい自分」を思《おも》い描《えが》いたほうがよかったかなと思います。そうすれば、いちど入った大学を退学《たいがく》して別の大学に入り直して……ということもなかったかもしれません。でも、遠まわりしたことも今の自分をつくった大事な経験《けいけん》なので、後悔《こうかい》はしていません。

これからの時代はAI《エーアイ》※の進歩やグローバル化の影響《えいきょう》で、ただ知識《ちしき》があることにはあまり価値《かち》がなくなっていきます。社会が求めるものも多様化していくので、遠まわりをしてでも、自分にしかできない何かにたどり着くのがよいと思います。そのためには、子どものころには元気よく遊んで、興味《きょうみ》があることに没頭《ぼっとう》する経験《けいけん》は大切です。その点で私はめぐまれていたと思いますね。

用語 ※ エンジニア ⇒電気、機械、土木、建築《けんちく》などの技術者《ぎじゅつしゃ》。

Q 中学のときの職場体験《しょくばたいけん》は、どこに行きましたか？

学年それぞれに、将来《しょうらい》について考える機会がありました。中学1年生のときはいろいろな職業《しょくぎょう》を体験できる施設《しせつ》に行き、どんな職業《しょくぎょう》が向いているかの診断《しんだん》を受けました。中学2年生のときは職業体験《しょくぎょうたいけん》で近くの小学校に行き、先生として1週間働きました。選択肢《せんたくし》のなかで、小学校がいちばん楽しそうだったんです。答案用紙の丸つけをしたり、子どもたちと遊んだりして過《す》ごしたのを覚えています。

3年生では、将来《しょうらい》の夢《ゆめ》とそれに向かうための道筋《みちすじ》を考え、まとめた記憶《きおく》があります。

Q 職場体験《しょくばたいけん》ではどんな印象《いんしょう》をもちましたか？

小学校では子どもたちが慕《した》ってくれて、サインを求められたりしました。つい最近まで自分も小学生だったので、不思議な感じがしましたね。先生たちと話して、「そういう視点《してん》で児童を見ているんだな」と新たな気づきがありました。

小学校の先生の体験は、将来《しょうらい》、大人《おとな》になって社会で働くことを知る最初の入り口という印象《いんしょう》でした。その職業《しょくぎょう》ならではの核《かく》となる部分がもう少しわかるような体験ができたら、もっとよかったですね。

Q この仕事を目指すなら、今、何をすればいいですか？

近距離《きんきょり》モビリティの設計《せっけい》には、知識《ちしき》や計算力だけでなく、経験《けいけん》や直感に基《もと》づいた判断力《はんだんりょく》が必要です。まずはきちんと勉強して得《え》た知識《ちしき》をもとに、多くの経験《けいけん》をして、いろいろな価値観《かちかん》があることを知ってほしいと思います。

根気が必要な仕事ですが、努力することにも練習が必要です。トレーニングをすれば筋肉《きんにく》がつくのと同じように、日ごろからいろいろな経験《けいけん》をして心や脳《のう》みそをきたえていけば、強い自分になることができます。

最初から効率化《こうりつか》を考えていては、おもしろいものは生まれません。自分のもつ力を高めるためにも、目の前の勉強や部活、課題活動に集中して、全力で取り組んでほしいです。

– 今できること –

ふだんの暮《く》らし

モビリティ開発では、完成という目標に向けて、試行をくりかえします。学校の試験や部活動の大会などの大きな目標に向けて、コツコツ勉強や練習に取り組みましょう。「今日は○ページまで問題集を進める」など、目標達成のために取り組むべき課題を具体的に決めておくと、何をがんばればよいか想像《そうぞう》しやすくなるはずです。うまく課題に取り組めないときは、本を読んで解決策《かいけつさく》を探《さが》したり、友だちや先生、家族に話して協力してもらったりするのもよいでしょう。

社会 公民分野で多様性《たようせい》を尊重《そんちょう》する「インクルージョン」の重要性《じゅうようせい》について学びましょう。社会のニーズに沿《そ》う商品を開発できるよう、時事ニュースに関心をもちましょう。

理科 第1分野の電流や運動とエネルギーの知識《ちしき》が必須《ひっす》です。科学技術《かがくぎじゅつ》に興味《きょうみ》をもったら、図鑑《ずかん》や科学雑誌《かがくざっし》を読んで、仕組みを調べましょう。

技術 ものづくりを通して、設計《せっけい》・製作《せいさく》の基本《きほん》を学びましょう。また設計《せっけい》の仕事ではパソコンを使って設計図《せっけいず》をつくるので、コンピューターの操作《そうさ》に慣《な》れておくとよいでしょう。

英語 海外のモビリティに関する情報《じょうほう》も設計《せっけい》のヒントになります。英語の読解力《どっかいりょく》をみがいておくと、役立ちます。

用語 ※ AI《エーアイ》 ⇒ Artficial Intelligence《アーティフィシャル インテリジェンス》（人工知能《じんこうちのう》）の略《りゃく》。
人間のように学習し、学習したことをもとに推測《すいそく》・判断《はんだん》のできるコンピューターシステムのこと。

File No.223

公共トイレの設計者《せっけいしゃ》

Public Toilet Designer

設計事務所《せっけいじむしょ》ゴンドラ
鎌田成美《かまたなるみ》さん
入社5年目 26歳《さい》

**だれにとっても
居心地《いごこち》よく、使いやすい
トイレ空間を設計《せっけい》します**

駅や図書館、ショッピングセンターなど、外出先で使えるトイレが公共トイレです。日本の公共トイレは、デザインの美しさや使いやすさが世界的にも優《すぐ》れているといわれています。公共トイレの設計《せっけい》を専門《せんもん》に行う設計事務所《せっけいじむしょ》で働く鎌田《かまた》さんに、お話を聞きました。

Q 公共トイレの設計者《せっけいしゃ》とはどんな仕事ですか？

私は依頼主《いらいぬし》から依頼《いらい》を受けて、公共トイレの入り口から通路、手洗《てあら》い場《ば》、個室《こしつ》をふくめた「トイレ空間」を設計《せっけい》する仕事をしています。依頼主《いらいぬし》は、市町村などの自治体のほか、商業施設《しょうぎょうしせつ》、駅や飛行場を管轄《かんかつ》する会社などさまざまです。

依頼《いらい》を受けるとまず、どんなトイレ空間にしたいのかを聞きます。次に実際《じっさい》にトイレをつくる場所へ行き、広さや周辺の環境《かんきょう》を調べます。1日に何人が使う場所なのか、子どもが多いのか、高齢者《こうれいしゃ》が多いのかなどです。調査《ちょうさ》の結果、利用者数が多い場所であれば、待たせないですむように個《こ》室《しつ》を増《ふ》やす提案《ていあん》をしたり、若《わか》い女性《じょせい》が多い場所であれば化《け》粧《しょう》コーナーを広くする提案《ていあん》をしたりします。

依頼主《いらいぬし》と打ち合わせを重ねて、つくるトイレのスケッチをくりかえし、方向性《ほうこうせい》が決まったら、CAD《キャド》※というソフトを使って「基本設計《きほんせっけい》」を行います。配置する便器や洗面台《せんめんだい》、壁《かべ》や床《ゆか》の表面の素材《そざい》などは、専門《せんもん》の会社の商品から選びます。

必要になる費用《ひよう》をふくめ、依頼主《いらいぬし》の合意を得《え》た後、工事を行う会社に見せるための詳細《しょうさい》な平面図を制作《せいさく》します。

私たちのこの図をもとに、工事を行う会社が、工事現場《こうじげんば》で働く人が使うための施工図《せこうず》をつくります。施工図《せこうず》には、工事に必要な材料や材料のサイズなどが細かく記載《きさい》されます。この図の通りにできているかを私たちも現場《げんば》で確認《かくにん》しながら、工事は進んでいきます。

工事が終わって依頼主《いらいぬし》に引《ひ》き渡《わた》した後は、トイレのよごれ具合《ぐあい》などを追跡調査《ついせきちょうさ》し、結果を今後の設計《せっけい》の参考にします。

鎌田《かまた》さんのある1日

09:50 出社
▼
10:00 メールを確認《かくにん》する
▼
10:30 スタッフそれぞれが担当《たんとう》している仕事について、会議で進捗《しんちょく》を報告《ほうこく》する
▼
11:30 打ち合わせ用の資料《しりょう》の確認《かくにん》と修正《しゅうせい》
▼
13:00 ランチ
▼
14:00 依頼主《いらいぬし》とオンライン打ち合わせ
▼
16:00 打ち合わせの議事録作成
▼
18:00 ほかの担当業務《たんとうぎょうむ》の図面作成
▼
19:00 退社《たいしゃ》

鎌田《かまた》さんが入社して初めて設計《せっけい》に参加した、駅の女性用《じょせいよう》トイレ。壁《かべ》のタイル部分の素材《そざい》と色選びを担当《たんとう》した。

公共トイレ設計作業《せっけいさぎょう》の流れ

① 受注・打ち合わせ

依頼主《いらいぬし》から、トイレ空間の設計《せっけい》の注文を受ける。もともとあるトイレ空間を改修《かいしゅう》する依頼《いらい》が多い。どのようなトイレにしたいのか、依頼主《いらいぬし》の希望を聞き、何度も打ち合わせをする。

▶

② 調査《ちょうさ》・イメージ提案《ていあん》

現場《げんば》へ行って、どんな人がトイレを使うのかを調査《ちょうさ》する。混雑時《こんざつじ》には何人が並《なら》んで何分待つのか、待ち列の調査《ちょうさ》も行う。結果をもとに、設計《せっけい》するトイレのイメージを提案《ていあん》する。

▶

③ 基本設計《きほんせっけい》

「基本設計《きほんせっけい》」を行う。平面図、立面図、断面図《だんめんず》、展開図《てんかいず》など、何種類もの図面をかく。

▶

④ 概算《がいさん》・実施設計《じっしせっけい》

「基本設計《きほんせっけい》」に基《もと》づき、つくるのにかかるお金を計算する。依頼主《いらいぬし》が金額《きんがく》に合意したら、工事担当《たんとう》の会社に見せるための「実施設計《じっしせっけい》」を行う。平面詳細図《へいめんしょうさいず》にドアや床《ゆか》、壁《かべ》など、「基本設計《きほんせっけい》」よりさらに細かくかきこむ。

▶

⑤ 完成の見届《みとど》け・追跡調査《ついせきちょうさ》

「実施設計《じっしせっけい》」をもとに、工事を行う会社が施工《せこう》図《ず》を作成し、工事を行う。設計者《せっけいしゃ》は現場《げんば》へ行って確認《かくにん》し、完成を見届《みとど》ける。トイレの使用が始まると、メンテナンス状況《じょうきょう》や劣《れっ》化度《かど》などを追跡調査《ついせきちょうさ》し、今後の設計《せっけい》に役立てる。

用語　※ CAD《キャド》 ⇒乗り物や建物、機械製品《きかいせいひん》などの設計図《せっけいず》をつくるためのソフトウェア。数値《すうち》を計算しながら設計図《せっけいず》をつくることができる。

仕事の魅力《みりょく》

Q どんなときにやりがいを感じますか？

自分が担当《たんとう》したトイレ空間を、だれかが利用しているのを見たときです。

設計《せっけい》に関わったものが完成してかたちになると、大きな満足感は得《え》られます。けれどそれ以上に、そのトイレが実《じっ》際《さい》に使われているのを見ると、言葉にならない感情《かんじょう》がこみ上げてきます。生活をする上でなくてはならないものに自分が関わることで、だれかの役に立っていると実感でき、喜《よろこ》びとなってあふれてくるのだと思います。

Q 仕事をする上で、大事にしていることは何ですか？

使いやすいトイレ空間をつくることです。公共トイレはいろいろな人が使う場所なので、だれにとっても快適《かいてき》な空間になるように設計《せっけい》することが大事です。

私は、公共トイレを使う人に、不安な思いや不快《ふかい》な思いをしてほしくないんです。依頼主《いらいぬし》の要望を大切にしながらも、使う人が一瞬《いっしゅん》ほっとできて、「さて、お出かけの時間の続きを楽しもう」と気分をアップさせることができるのが、デザインのもつ力だと思っています。

図面を広げて、依頼主《いらいぬし》と打ち合わせをする。「予算内でできる限《かぎ》り希望を叶《かな》えられるよう、何度も話し合います」

Q なぜこの仕事を目指したのですか？

私は大学時代に、アメリカに留学《りゅうがく》していました。アメリカのトイレは、個室《こしつ》のドアの下のすき間が日本のトイレよりも大きく、安全のために、人が入っていることを外から確認《かくにん》できるようになっています。また、分厚《ぶあつ》い鉄のドアや仕切り板は、無機質《むきしつ》で居心地《いごこち》がよいとはいえませんでした。それだけでなく、うす暗《ぐら》くて気味が悪い印象《いんしょう》のトイレもありました。日本のトイレに慣《な》れていた私は、こわくて落ち着かず、いつも不安な気持ちで使っていました。

帰国して成田国際空港第二《なりたこくさいくうこうだいに》ターミナルのトイレに入ったときに、びっくりしました。清潔感《せいけつかん》があって、落ち着ける空間が広がっていたんです。私は、入った瞬間《しゅんかん》にほっとしました。

それ以来、私も、人々が気持ちよく利用できるトイレ空間をつくりたいと思うようになりました。成田国際空港《なりたこくさいくうこう》のトイレを設計《せっけい》した会社の名前を調べて、インターンシップ※でこの会社で働いた後、正式に入社しました。

鎌田《かまた》さんの作業机《さぎょうづくえ》。「CAD《キャド》を使って、設《せっ》計図《けいず》をかきます」

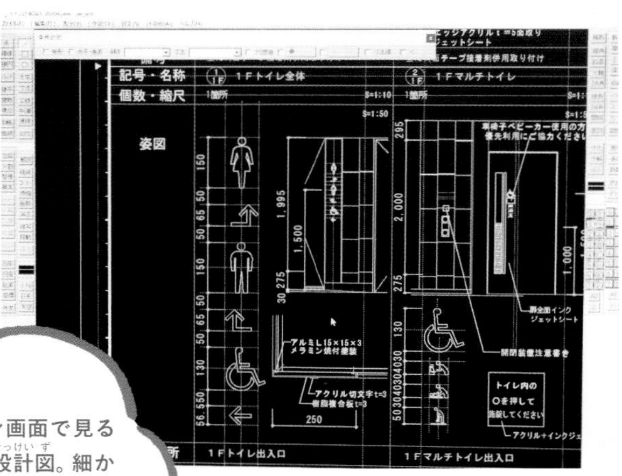

パソコン画面で見るCAD《キャド》の設計図《せっけいず》。細かい部分のサイズもすべて、かきこんでいく。

用語 ※ インターンシップ ⇒学生が実際《じっさい》に企業《きぎょう》で働く「就業体験《しゅうぎょうたいけん》」ができる制度《せいど》。

今までに どんな仕事をしましたか？

入社して1年目から2年目は、先輩《せんぱい》の仕事の手伝いや、トイレ空間の壁《かべ》や床《ゆか》に使う素材《そざい》や色を選ぶ仕事をしました。

トイレは日常的《にちじょうてき》に使うところなので、きれいな状態《じょうたい》を維《い》持《じ》できるように掃除《そうじ》がしやすい素材《そざい》を選ぶのが理想ですが、よごれがつきにくい塗装剤《とそうざい》などは高価《こうか》なものが多いのです。そのため、よごれやすい場所とよごれにくい場所に分け、予算に合わせて最適《さいてき》なものを選ぶことも重要でした。

３年目からは、プロジェクトチームのメンバーとなり、設《せっ》計《けい》を行っています。ショッピングセンターのような商業施《しょうぎょうし》設《せつ》の場合、トイレはお店のなかにありながらも、お金を生み出さない空間です。そのため、お金をかける価値《かち》はないと考える人もいます。けれど、トイレがきれいだとその施設全《しせつぜん》体《たい》のイメージがよくなって、お客さんが増《ふ》えることもあります。

今は、トイレ空間の設計《せっけい》を通してお店の売り上げに貢献《こうけん》できるよう、がんばっているところです。

仕事をする上で、難《むずか》しいと 感じる部分はどこですか？

自分の考えを、言葉でうまく説明できず、せっかくのアイデアを相手に理解《りかい》してもらえないときに難《むずか》しさを感じます。

私はもともと、頭のなかで思ったことを口に出したり文章にしたりして伝えるのが苦手だと感じていました。しかし、大学時代の恩師《おんし》から「自分の得意《とくい》な方法を使って伝えればよい」とアドバイスをもらい、考え方が変わりました。

表現方法《ひょうげんほうほう》は言葉だけではありません。図や絵にかいて表す方法が、私には合っているんだと思います。

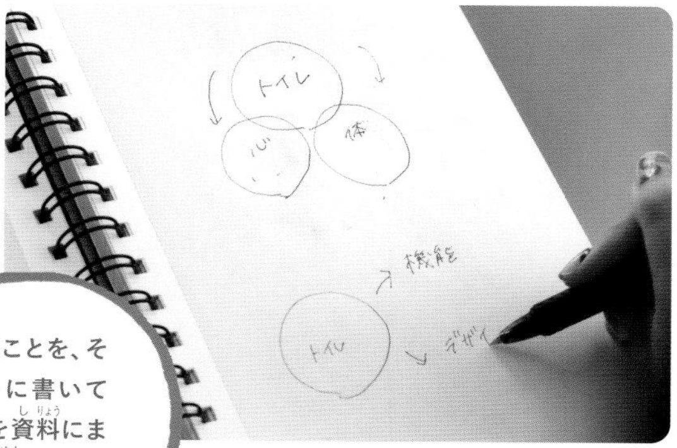

頭に浮《う》かんだことを、その場でノートに書いていく。これらを資料《しりょう》にまとめて、依頼主《いらいぬし》への説明に使うこともある。

この仕事をするには、 どんな力が必要ですか？

「想像力《そうぞうりょく》」と「思いやり」だと思います。

利用者のことを想像《そうぞう》し、その人に気持ちよく使ってもらいたいという思いやりがなければ、よいアイデアは出てこないと思うからです。

公共トイレは、耳や目が不自由な人、車イスを使う人、高《こう》齢者《れいしゃ》、赤ちゃん連れの人など、さまざまな人が使う空間です。自分にとって使いやすいトイレが、ほかの人にとっても使いやすいとは限《かぎ》りません。それぞれの立場に立って物事を考えられることが大切なのです。

自分がつくったものを利用者はどう感じ、どう使うのかを想像《そうぞう》し、ひとりよがりにならないように気をつけています。

三角スケール

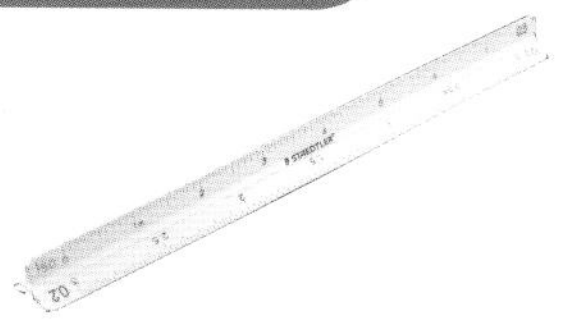

塗装《とそう》の色見本

メジャー

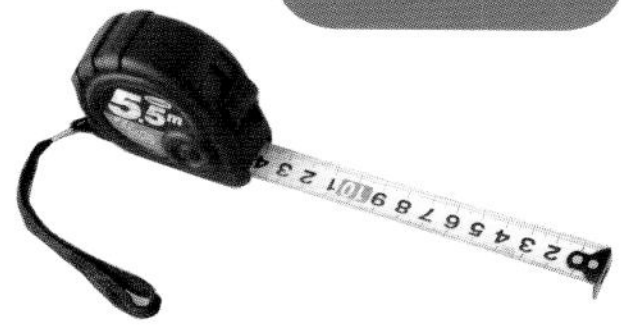

トイレの模型《もけい》

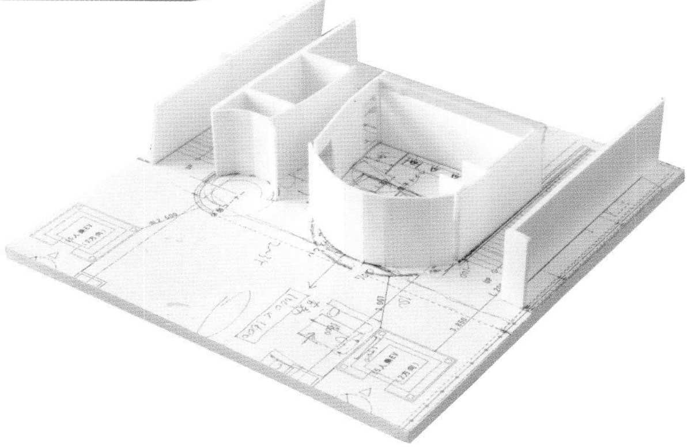

PICKUP ITEM

塗装《とそう》の色見本や三角スケールを使って、公共トイレの設計案《せっけいあん》をつくる。三角スケールは図面上で実物の長さを知りたいとき、メジャーは細部の寸法《すんぽう》を測《はか》るときに使用する。設計図《せっけいず》ができたら、場合によっては紙と発泡《はっぽう》スチロールで立体の模型《もけい》をつくる。模型《もけい》は依頼主《いらいぬし》とのコミュニケーションに便利だ。

毎日の生活と将来《しょうらい》

Q 休みの日には何をしていますか？

最近は、二級建築士《にきゅうけんちくし》※の資格取得《しかくしゅとく》を目指して勉強をしています。ただ、仕事や設計《せっけい》の勉強ばかりしていると、行《い》き詰《づ》まりを感じることがあります。そんなときには、海や公園など自然を感じるところに行ったり、神社や美術館《びじゅつかん》めぐりをしたり、カフェに行ったりショッピングを楽しんだりして気分《きぶん》転換《てんかん》をします。

また、私は高校、大学と美術系《びじゅつけい》の学校に通っていたので、展覧会《てんらんかい》や個展《こてん》を開く友だちがたくさんいます。開催《かいさい》のお知らせをもらったら、できるだけ行くようにしています。デザインを手がける者として、これらの作品から刺激《しげき》を受けることも多いんです。

先輩《せんぱい》の結婚《けっこん》のお祝いに、和風アフタヌーンティーをごちそうした。せっかくなので着物で。ついでに、銀座《ぎんざ》のギャラリーにお出かけ。

Q ふだんの生活で気をつけていることはありますか？

人や物をよく観察するようにしています。例えば、電車のなかだったら、前に座《すわ》っているこの人は何を考えているんだろうと想像《そうぞう》したり、どうしてこのイスはこのかたちになったのだろうと考えたりします。

新型《しんがた》コロナウイルスが蔓延《まんえん》する前には、マスクは白色が定番でした。しかしみんなが日常的《にちじょうてき》に使う今では、いろいろな色が売られています。かたちもいろいろありますね。マスク姿《すがた》でも自分らしさを表現《ひょうげん》したいという人の思いに、つくり手が寄《よ》りそった結果だと思います。

このように観察して考えると、デザインの色・かたちの由来や使う人の気持ちを、想像《そうぞう》できるようになる気がします。

友人たちと、神奈川県の逗子海岸《ずしかいかん》に遊びに行った。「いろいろな職業《しょくぎょう》に就《つ》いている友だちの話を聞くのも、楽しいです」

アート展《てん》へ出かけた。「見応《みごた》えのある展示物《てんじぶつ》の数々で、充実《じゅうじつ》した時間を過《す》ごしました」

用語 ※ 二級建築士《にきゅうけんちくし》 ⇒建築基準法《けんちくきじゅんほう》によって定められた国家資格《こっかしかく》。資格取得者《しかくしゅとくしゃ》は戸建住宅《こだてじゅうたく》などの建築物《けんちくぶつ》の設計《せっけい》や工事管理などを請《う》け負《お》うことができる。上位資格《じょういしかく》に一級建築士《いっきゅうけんちくし》がある。

Q 将来《しょうらい》のために、今努力して いることはありますか？

二級建築士《にきゅうけんちくし》の資格《しかく》を取るために、毎日勉強をがんばっています。

私は今、商業施設《しょうぎょうしせつ》などの建物のなかにあるトイレ空間を設計《せっけい》する仕事をしていますが、将来《しょうらい》は、公園や駅前に建てられているトイレのような、建物全体の設計《せっけい》もしてみたいと思っています。建物の場合は、私の今の知識《ちしき》だけではできません。地震《じしん》が起きたときにたおれないためのつくりなど、建物の基礎《きそ》から考えなければならないからです。

それに、すばらしい設計《せっけい》をしても、建物の構造《こうぞう》の問題で実現《じつげん》が不可能《ふかのう》かもしれません。反対に、建物の構造《こうぞう》についての知識《ちしき》があるからこそ生まれるアイデアもあるはずです。ふだんの仕事でもよりよい仕事をするために、建築《けんちく》に関する知識《ちしき》を増《ふ》やしていきたいです。

「会社には、デザインや設計《せっけい》に関する雑誌《ざっし》や書籍《しょせき》がたくさん用意されています。それらを手にとってながめるのも、大切な勉強の時間です」

「二級建築士《にきゅうけんちくし》の資格《しかく》試《し》験《けん》では、製図《せいず》の力も試《ため》されます。試験問題はとても難《むずか》しいです」

Q これからどんな仕事をし、どのように暮《く》らしたいですか？

日本の公共トイレは、きれいなことで有名です。しかし今でも、掃除《そうじ》が行《い》き届《とど》いておらず、きたなくて、人々が使いたいとは思えないトイレもあります。

また、車イス使用者や、そのほかの体が不自由な方、子育て世代の方、体の性《せい》と心の性《せい》の認識《にんしき》に違和感《いわかん》のある方が使いやすいトイレも、まだ少ないと感じます。こうした課題と向き合いながら公共トイレの設計《せっけい》をすることで、外出先のトイレに不安があるせいで外出をためらう人がいない社会にしたいです。

トイレに限《かぎ》らず、街なかには、人々がより快適《かいてき》に暮《く》らすために改善《かいぜん》すべきところがたくさんあります。それをデザインの力で解決《かいけつ》できるかもしれません。

みんなが暮《く》らしやすい社会づくりに少しでも貢献《こうけん》できる仕事をして、手がけたものを多くの人に利用してもらうことが、今の私の夢《ゆめ》です。

公共トイレの設計者《せっけいしゃ》になるには……

設計《せっけい》の仕事を行うには、設計事務所《せっけいじむしょ》や建築《けんちく》メーカーで経験《けいけん》を積むのが一般的《いっぱんてき》です。大学や専門学校《せんもんがっこう》の工学部や理工学部、芸術系学部《げいじゅつけいがくぶ》などに進学し、建築学科《けんちくがっか》やデザイン学科で空間デザインや設計《せっけい》の専門知識《せんもんちしき》を身につけると、就職《しゅうしょく》に有利です。業務上《ぎょうむじょう》、必要を感じて建築士《けんちくし》の国家資格《こっかしかく》の取得《しゅとく》を目指す人も多いようです。

高校

↓

大学・専門学校《せんもんがっこう》

↓

公共トイレの設計者《せっけいしゃ》

子どものころ

Q 小学生・中学生のとき、どんな子どもでしたか？

小学生のころはマンガが好きで、いつも読んでいました。きっかけは、マンガ家《か》集団《しゅうだん》CLAMP《クランプ》の作品『カードキャプターさくら』を原作としたアニメ番組です。小学1年生だった私は、主人公の女の子の活躍《かつやく》を夢中《むちゅう》になって観ていました。

クリスマスに原作のマンガを全巻《ぜんかん》プレゼントしてもらい、夢中《むちゅう》で読んだのを覚えています。それ以来、マンガが好きになり、自分でもストーリーを考えて描《か》くようになりました。

そのように絵が好きだったので、中学校では美術部《びじゅつぶ》に入り、絵を描《か》いたり焼き物をつくったりしていました。

家では、弟によく絵を教えていました。私の弟は、頭はよいのに絵を描《か》くのが苦手で、私は先生になったような気分になりました。

勉強はあまりしませんでしたが、ノートのとり方にはこだわりがありましたね。わかりやすいように絵で表したり、色を変えたりするんです。今考えると、美術《びじゅつ》好《ず》きの私らしいノートだったなと思います。

中学時代の文化祭にクラスで取り組んだ作品。体育館の窓《まど》いっぱいにつくったステンドグラス風の作品で、鎌田《かまた》さんが図案を担当《たんとう》した。

中学時代の版画《はんが》作品。自身の赤ちゃん時代をモチーフにした。

Q 子どものころにやっておけばよかったことはありますか？

本を読むことです。私は、自分の気持ちや頭のなかにある情景《じょうけい》を言葉で相手に伝えることがとても苦手です。よく「主語がないから、何を話しているのかわからない」と言われてしまいます。これは、私があまり本を読んでこなかったからだと思うんです。

本は、文章だけで内容《ないよう》が伝わるようにできています。言葉の構成《こうせい》を自然なかたちで学ぶのに、これ以上のものはありません。自分の考えが伝わらずもどかしい思いをしないためにも、読書はしておいたほうがよいと思います。

中学校時代の鎌田《かまた》さん。美術室《びじゅつしつ》に入りびたっていた。

鎌田《かまた》さんの夢《ゆめ》ルート

小学校 ▶ マンガ家

自分の考えたことを絵に描《か》くのが好きだった。

▼

中学校 ▶ 学校の美術《びじゅつ》の先生

弟に、絵の描《か》き方《かた》を教えるのが楽しかった。

▼

高校 ▶ アートとデザイン系《けい》の仕事

高校は絵画コースに進学したが、自分には道を極められないと感じた。そんなときに先生から、デザインをやってみては？ とすすめられた。

▼

大学 ▶ 空間の設計《せっけい》に関わる仕事

アメリカ留学後《りゅうがくご》、帰国時にすてきな公共トイレに出合い、トイレ空間の設計《せっけい》に興味《きょうみ》をもった。

Q 中学のときの職場体験《しょくばたいけん》は、どこに行きましたか？

友だち４～５人で、地域《ちいき》の老人ホームに行きました。本当は、お花屋さんに行ってブーケをつくったり、花を生けたりしたかったのですが、じゃんけんで負けてしまったんです。

望んだ体験先ではありませんでしたが、自分の知らない職業《しょくぎょう》を体験できて視野《しや》が広がったので、結果的にはよかったと思います。

Q 職場体験《しょくばたいけん》ではどんな印象《いんしょう》をもちましたか？

老人ホームで職員《しょくいん》のみなさんがてきぱきと働いているのを見て、大変な仕事だなと感じたのを覚えています。今は介護《かいご》ロボットなども出てきていますが、最後はやはり、人間のもつ優《やさ》しさや心配りが大切な仕事です。どんなに時代が変わっても決してなくならない職業《しょくぎょう》のひとつなんだろうと思いました。

この体験をきっかけに、将来《しょうらい》の仕事についてもぼんやりと考えるようになりました。私は器用な人間ではないので、得意《とくい》な美術《びじゅつ》に関わる職業《しょくぎょう》でないと続けられないだろうと考えていました。自分の特性《とくせい》を活かすとしたらアート作品の制作者《せいさくしゃ》になるかな、などと考えていましたね。

Q この仕事を目指すなら、今、何をすればいいですか？

みなさんが授業《じゅぎょう》を受けている学校や、ふだん使っている駅、友だちと遊ぶ公園や商業《しょうぎょう》施設《しせつ》など、さまざまな場所に目を向けて、観察してみてください。それらを不安に感じることなく使えるのは、その場所をつくった人が、使う人のことを考えて設計《せっけい》しているからです。自分以外のだれかを思い、気を配って物事を考えていくことがこの仕事の第一歩です。

ほかにも、物事をいろいろな角度から見る習慣《しゅうかん》をつけておくとよいです。正面から見ると正方形に見えても、別の角度から見たら丸く見えたり、三角形や星形に見えたりするかもしれません。いろいろな視点《してん》をもつ習慣《しゅうかん》が設計《せっけい》の仕事に役立ちます。

– 今できること –

ふだんの暮《く》らし

家や学校、自分が訪《おとず》れるお店や商店街の風景をよく観察してみましょう。鉛《えん》筆《ぴつ》とノートを使って、スケッチしてみることもおすすめです。スケッチの練習をたくさんしておくと、設計《せっけい》の仕事をするときに役に立ちます。また、みんなが安心して利用できるトイレをつくるために、思いやりの気持ちをもつことも設計《せっけい》の仕事には欠かせません。家族や友だちが困《こま》っているときは、話をよく聞いて、相手の気持ちを想像《そうぞう》しながら接《せっ》することを心がけましょう。

国語

授業《じゅぎょう》で行う話し合いを通じて相手の話を聞く力、自分の意見を話す力を養いましょう。依頼主《いらいぬし》の希望にあった案を提案《ていあん》できるようになります。

社会

公民分野で習うバリアフリーやユニバーサルデザインについて、理解《りかい》を深めましょう。

数学

工事にかかる費用《ひよう》を計算したり、実際《じっさい》のサイズを縮《ちぢ》めた図面や模型《もけい》を作成したりします。面積や体積、平面や立体、縮尺《しゅくしゃく》などの知識《ちしき》を身につけておきましょう。

美術

作品づくりの際《さい》に、形や色、材料の特徴《とくちょう》を観察することをおすすめします。自分が表現《ひょうげん》したいテーマや目的にあった組み合わせを選択《せんたく》できるようになりましょう。

File No.224

WEB《ウェブ》グラフィックデザイナー

WEB Graphic Designer

ヤフー

佐《さ》島《しま》実《み》紗《さ》さん

入社6年目 27歳《さい》

影響力《えいきょうりょく》が大きな記事だからこそ、デザインの力を十分に発揮《はっき》したい

毎日たくさんのニュースがWEB《ウェブ》サイトで読まれています。膨大《ぼうだい》な量の記事のなかからユーザーの関心を引きつけ、読んでもらうために、デザインの力が役立っています。Yahoo!《ヤフー》ニュースの特集記事のデザインなどを担当《たんとう》している佐《さ》島《しま》実《み》紗《さ》さんに、お話を聞きました。

Q WEB《ウェブ》グラフィックデザイナーとはどんな仕事ですか？

私はYahoo!《ヤフー》ニュースというWEB《ウェブ》サイトの記事のデザインを担当《たんとう》しています。文章だけでは伝わりづらいニュースにイラストや図表を作成して加え、記事全体の見た目を整えることで、より伝わりやすくするのが私の役割《やくわり》です。

グラフィックデザインでは本や雑誌《ざっし》、ポスターなど、平面のものに文字やイラストを置いて構成《こうせい》しますが、私はWEB《ウェブ》サイト上での記事の見え方を整える仕事をしています。インターネット環境《かんきょう》が充実《じゅうじつ》する今日《こんにち》では、多くの人がパソコンやスマートフォンを使って情報《じょうほう》を受け取っています。そこで、私がしているような仕事が必要になっています。

Yahoo!《ヤフー》ニュースのうち、スピードが肝心《かんじん》な記事の場合は、記事の担当者《たんとうしゃ》からイラストや図表の作成を頼《たの》まれたら急いで内容《ないよう》を理解《りかい》し、1日か2日ですぐにつくります。一方、編集者《へんしゅうしゃ》とデザイナーとでチームを組み、情報《じょうほう》を集めて調べ、内容《ないよう》を練ってつくり上げる記事もあります。こちらは30日間ほどあるので、デザインによりこだわることができます。

おもにデザインを担当《たんとう》している「ビジュアルで知る」というコーナーは、時間をかけてつくっています。見る人に興味《きょうみ》をもってもらえるように、タイトル文字の色や形に変化をつけたり、マンガにして伝えたりとさまざまな工夫をします。

このコーナーで取り上げる内容《ないよう》は、その時々の社会問題や知っておくべき情報《じょうほう》など、さまざまです。ほとんどの場合は会社の方針《ほうしん》によってテーマが決められますが、私が自分でテーマを決めて、企画《きかく》を立ち上げることもあります。

佐島《さしま》さんのある1日

10:00 自宅《じたく》にて業務開始《ぎょうむかいし》、メール確認《かくにん》
▼
11:00 オンラインで打ち合わせ
▼
12:00 ランチ
▼
13:00 デザイン作業
▼
14:00 オンラインで打ち合わせ
▼
15:30 デザイン作業、その他調整作業
▼
19:00 業務終了《ぎょうむしゅうりょう》

© 松本直也／集英社 © 遠藤達哉／集英社 ©DUBU(REDICE STUDIO), Chugong,h-goon2018/D&C WEBTOON Biz

Yahoo!《ヤフー》ニュースのオリジナル記事「ビジュアルで知る」シリーズ。「スマホで変わるマンガ表現《ひょうげん》」を取り上げた記事では、イラストとデザインを佐島《さしま》さんが担当《たんとう》した。

Yahoo!《ヤフー》ニュースの「ビジュアルで知る」が配信されるまで

① 企画立案《きかくりつあん》

記事にしたいテーマを考え、企画書《きかくしょ》を書く。ニュース記事に関わる社員が集まる会議で、記事にするかどうかが話し合われる。

▶

② チーム結成

企画《きかく》が決まったら、編《へん》集者《しゅうしゃ》とデザイナーで作業チームをつくる。その記事に興味《きょうみ》のある人が手を挙げて自然に決まることが多い。記事の種類や重大さによって人数は変わる。

▶

③ 取材・材料の作成

取材対象者《しゅざいたいしょうしゃ》を探《さが》し、取材する。得《え》られた情報《じょうほう》をもとに、原稿《げんこう》やイラスト、図表をつくる。Yahoo!《ヤフー》のほかのニュース記事のコメント欄《らん》に寄《よ》せられたコメントをデータ化して、材料にすることもある。

▶

④ デザイン作業

できあがった原稿《げんこう》、イラスト、図表を使って記事全体のデザインをする。先にデザインを決めてから、原稿《げんこう》や図表を作成する場合もある。

▶

⑤ 社内チェックを経《へ》て、配信

社内だけの試《ため》しの配信をし、問題点がないか見てもらう。社内の複数《ふくすう》のデザイナーから、細かい点についても意見をもらう。チェックを経《へ》て修《しゅう》正《せい》するところがなくなったら、正式に配信する。

仕事の魅力《みりょく》

Q どんなところがやりがいなのですか？

どのくらいの人に記事を見てもらえたかは、WEB《ウェブ》サイトのクリック数やSNS《エスエヌエス》での反応《はんのう》によってわかります。反響《はんきょう》が大きいときはさまざまな感想が寄《よ》せられるため、本当に読んでもらえたという実感がわきます。イラストや図表がわかりやすかったという言葉をもらうことも、うれしいですね。

また、数は少ないですが、自分が問題意識《もんだいいしき》をもっている事柄《ことがら》について、公《おおやけ》に会社のひとつの意見として発信できることにもやりがいを感じます。そのチャンスを活かすのが、すごく楽しいです。

東日本大震災《ひがしにほんだいしんさい》の特集記事を担当《たんとう》。避難者《ひなんしゃ》から話を聞き、津波《つなみ》に流された家の前にたたずむ場面のイラストを描《か》いた。

着色途中《ちゃくしょくとちゅう》の画面。「制作過程《せいさくかてい》のすべての段階《だんかい》にいつでももどれるのが、デジタル画の便利なところです」

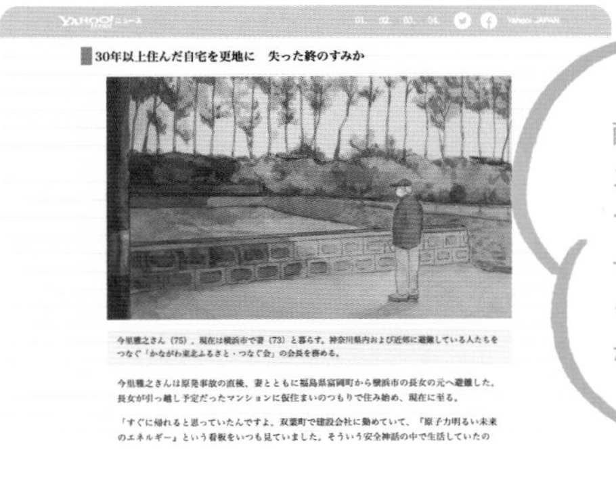
YAHOO! JAPAN ニュース　01.　02.　03.　04.　Yahoo! JAPAN

30年以上住んだ自宅を更地に　失った終のすみか

今里雅之さん（75）。現在は横浜市で妻（73）と暮らす。神奈川県内および近郊に避難している人たちをつなぐ「かながわ東北ふるさと・つなぐ会」の会長を務める。

今里雅之さんは原発事故の直後、妻とともに福島県富岡町から横浜市の長女の元へ避難した。長女が引っ越し予定だったマンションに仮住まいのつもりで住み始め、現在に至る。

「すぐに帰れると思っていたんですよ。双葉町で建設会社に勤めていて、『原子力明るい未来のエネルギー』という看板をいつも見ていました。そういう安全神話の中で生活していたの

配信された記事のイラスト部分。「写真が残っている場面ではありませんでしたが、話をよく聞いて絵にすることができました」

Q 仕事をする上で、大事にしていることは何ですか？

社会人になったばかりのころは、おしゃれでかっこいいデザインがいちばんよいと思っていました。けれど経験《けいけん》を重ねるうちに、ニュースにたずさわる上でもっとも大切にしなければならないのは、「読む人に届《とど》くデザイン」をすることだと気がつきました。情報《じょうほう》を伝えるという目的が達成できていないデザインでは、当然、読む人に何も伝わりません。

今は「伝わらないデザインに意味はない」という考えで、仕事をしています。

Q なぜこの仕事を目指したのですか？

もともと美術系《びじゅつけい》の大学でグラフィックデザインを学んでいたこともあり、デザインの仕事を希望していました。映画《えいが》が好きだったので、宣伝用《せんでんよう》のポスターやチラシのデザインにたずさわりたいと思っていたんです。

けれどよく考えると、現代《げんだい》では多くの人が映画《えいが》の情報《じょうほう》を得《え》ようと思ったときに見るのは、紙に印刷《いんさつ》されたポスターやチラシではなくWEB《ウェブ》サイトです。映画《えいが》のWEB《ウェブ》サイトには、動きをつけ、音楽を流すなど、さまざまな表現方法《ひょうげんほうほう》が取り入れられています。私は、学んできたグラフィックデザインの知識《ちしき》を活かす仕事をしながら、WEB《ウェブ》サイトならではのデザインを学ぶことを決め、ヤフーへ入社しました。

「採用面接《さいようめんせつ》のとき人事担当者《じんじたんとうしゃ》に、この会社に入ったら世界を変えられるよ、と言われたんです。かっこいい！ と思いましたね」

Q 今までに どんな仕事をしましたか？

入社して数年は、Yahoo!《ヤフー》ニュースアプリのデザインをしました。読みたいニュースにたどり着きやすいボタンの位置や、ボタンのデザインそのものを担当《たんとう》しました。

Yahoo!《ヤフー》ニュースが行った企画《きかく》にも参加しました。そのひとつが、期間限定《きかんげんてい》で開いたジューススタンドです。お客さんにニュースを選んでもらい、そのニュースのイメージに合ったオリジナルジュースを無料で提供《ていきょう》する企画《きかく》で、若者《わかもの》にニュースへの興味《きょうみ》をもってもらうために行いました。私は参加者に感想を聞き、ようすを動画に撮《と》って編集《へんしゅう》しました。

ヤフー本社の作業スペース。社員の決まった席はなく、雰囲気《ふんいき》の異《こと》なる机《つくえ》とイスのスペースが何種類も用意されている。社員は気分に合わせて席を選ぶ。

Q 仕事をする上で、難《むずか》しいと感じる部分はどこですか？

情報《じょうほう》の本質《ほんしつ》を理解《りかい》し、編集者《へんしゅうしゃ》の意図を正しくくみ取って表現《ひょうげん》することが、難《むずか》しいと感じます。

この仕事では、編集者《へんしゅうしゃ》や仲間のデザイナーなど、何人もの人とチームを組んで仕事をすることが多いんです。デザインについて意見が分かれた場合は、相手の言いたいことをもう一度聞いて、理解《りかい》します。ところが、理解《りかい》できたと思ったことが本当にその人の言いたかったことなのか、不安になることがあります。見え方や感じ方、表現方法《ひょうげんほうほう》は人それぞれちがうからです。

不安を解消《かいしょう》するには、たった10分間でもオンラインで顔を見ながら話をし、納得《なっとく》がいくまで意見をすり合わせることが大事です。おたがいにいそがしいので効率《こうりつ》よく行います。

Q この仕事をするには、どんな力が必要ですか？

デザインは、自分の思いや気持ちを表現《ひょうげん》するためのものではありません。あくまでも、記事をつくる編集者《へんしゅうしゃ》が用意した材料を、受け取る側が見てすぐに理解《りかい》できる、わかりやすい情報《じょうほう》に整えるのが仕事です。

とりわけ、ニュースをあつかうデザイナーとして必要なのは、情報《じょうほう》を整理して要点をぬき出す力と、ぬき出した要点を見てわかるように表現《ひょうげん》する力です。伝えるべきことがしっかり伝わるデザインにするためには、情報《じょうほう》を分類し、整頓《せいとん》して、優先順位《ゆうせんじゅんい》をつけなければなりません。

例えば、文章とイラストをどちらも入れたほうがわかりやすいと編集者《へんしゅうしゃ》が考えたとします。けれどスペースが限《かぎ》られていて、どちらも入れるとごちゃごちゃして見えてしまう、という場合があります。両方入れることでわかりやすさのじゃまをしてしまったら、本末転倒《ほんまつてんとう》です。そこで優先順位《ゆうせんじゅんい》をつけて、イラストを入れないほうがよいと編集者《へんしゅうしゃ》に伝え、納得《なっとく》してもらいます。デザイナーの仕事には、このように物事を論理的《ろんりてき》に考えなければならない場面も多いんです。

これらの必要な力の前提《ぜんてい》として大事なのは、「デザインの力で何かを解決《かいけつ》したい」という思いがあることです。この思いがあれば、デザインの仕事がますますおもしろくなります。

・ペンタブレット・

PICKUP ITEM

デザインの仕事に便利なのがペンタブレット。図表や絵を描《か》くときには専用《せんよう》のペンを使う。モニターにペンを当てて描《か》くとき、紙に本物のペンで描《か》いているような感覚を得《え》られる。筆圧《ひつあつ》を高い精度《せいど》で検知《けんち》するため、図表もイラストも自然なタッチで描《か》くことができる。

毎日の生活と将来《しょうらい》

Q 休みの日には何をしていますか？

よく外出します。すれちがう人の服装《ふくそう》や持ち物、お店の装飾《そうしょく》など、街を見て歩くだけでもデザインのヒントになるものがたくさんあります。

また、アートイベントや美術館《びじゅつかん》にも行きます。先日は音楽《おんがく》系《けい》のイベントに行ってきました。音楽が流れる空間で夜通しダンスをし、会話を楽しむイベントです。こうしたイベントは、入場料が男性《だんせい》と女性《じょせい》でちがったり、障《しょう》がいを理由に入れなかったりすることが多いのですが、だれも差別しないというコンセプトで、私も心から楽しめました。

「ひとり暮《ぐ》らしで、犬を飼《か》っています。意外と力が強くて、車イスごと引《ひ》っ張《ぱ》られてしまうこともあるんですよ」

「自宅《じたく》で仕事をすることが多いですね。いつもこの机《つくえ》で仕事をしています」

Q ふだんの生活で心がけていることはありますか？

SNS《エスエヌエス》に注目し、多くの反応《はんのう》を得《え》るための発信方法を研究しています。私はふだん、車イスを使って生活をしていますが、以前、電車に乗ろうとしたら駅にエレベーターがなく、困《こま》ったことがあります。そのときは、改札から２階のホームに行くのに駅員さんの助けを借りて40分もかかってしまいました。

私はこのできごとについて、言い方を変えてふたつの動画を投稿《とうこう》してみました。ひとつは「エレベーターがなくて大変だ！」という言い方、ひとつは「多くの人に迷惑《めいわく》をかけてしまい、つらかった」という言い方です。すると、「大変だ！」という投稿《とうこう》には、わがままだというコメントが届《とど》きました。一方、「迷惑《めいわく》をかけた」という投稿《とうこう》には多くの同情的《どうじょうてき》なコメントが届《とど》き、私の問題意識《もんだいいしき》が伝わったと感じました。

伝え方によって受け取られ方がここまで変わることにおどろきました。人間の心理を身をもって学んでいます。

	月	火	水	木	金	土	日
05:00							
07:00	睡眠《すいみん》	睡眠《すいみん》	睡眠《すいみん》	睡眠《すいみん》	睡眠《すいみん》		
09:00	起床《きしょう》・散歩	起床《きしょう》・散歩	起床《きしょう》・散歩	起床《きしょう》・散歩	起床《きしょう》・散歩		
	始業	会社へ出勤《しゅっきん》・始業	始業	会社へ出勤《しゅっきん》・始業	始業		
11:00	作業	作業	作業	作業	作業		
13:00	ミーティング			定例会	定例会		
15:00		ミーティング	ミーティング		ミーティング		
17:00	作業			作業		休日	休日
		作業	作業		作業		
19:00	退勤《たいきん》	退勤《たいきん》・帰宅《きたく》	退勤《たいきん》	退勤《たいきん》・帰宅《きたく》	退勤《たいきん》		
	散歩	散歩	散歩	散歩	散歩		
21:00							
23:00	副業	副業	副業	副業	副業		
01:00							
03:00	睡眠《すいみん》	睡眠《すいみん》	睡眠《すいみん》	睡眠《すいみん》	睡眠《すいみん》		
05:00							

佐島《さしま》さんのある１週間

会社へ出勤《しゅっきん》する日と自宅《じたく》で作業する日が、半分ずつくらいの割合《わりあい》だ。朝と夜の犬の散歩も、毎日欠かさない。

Q 将来《しょうらい》のために、今努力していることはありますか？

デザインをするときは、おもに「Figma《フィグマ》」というアプリを使っています。アプリには機能《きのう》がたくさんあり、日々新しい機能《きのう》も追加されてくるので、つねに勉強しています。また、機能《きのう》の使い方は自由度が高く、人それぞれちがうので、会社の仲間と、使い方を教え合うこともあります。

今、わかりやすいと思っている伝え方も、新しい技術《ぎじゅつ》が出ることによって、もっとわかりやすく伝えられるようになるかもしれません。最近ではインターネット上の仮想空間《かそうくうかん》で自分を表現《ひょうげん》する人も多くなっています。将来《しょうらい》、ニュースの発信は、仮想空間《かそうくうかん》が主流になるかもしれません。いろいろな可能性《かのうせい》を考えながら、技術《ぎじゅつ》を学ぼうとつとめています。

Q これからどんな仕事をし、どのように暮《く》らしたいですか？

社会問題の解決《かいけつ》につながる仕事をして、世の中を暮《く》らしやすく変えていきたいというのが私の大きな目標です。

私は車イスを使って生活しているので、バリアフリーの必要性《ひつようせい》を日ごろから感じています。わかりやすいのは、エレベーターの設置《せっち》や段差《だんさ》をなくすなどの施設《しせつ》のバリアフリー化ですが、それ以上に必要なのが、障《しょう》がい者《しゃ》と健常者《けんじょうしゃ》の間にある精神面《せいしんめん》でのバリアフリー化だと思います。

バリアフリーについて話すとき、私たちはどうしても障《しょう》がい者《しゃ》と健常者《けんじょうしゃ》を分けて考えがちです。しかし、この時点ですでに垣根《かきね》ができていると思うのです。たがいがわかり合えている社会であれば、わざわざ分けずとも、相手のことを考えた発想が自然に出てくるのではないでしょうか。

バリアフリーの課題以外にも、世の中には解決《かいけつ》すべき問題がたくさんあります。解決《かいけつ》には、会社という大きな組織《そしき》だからこそできることと、自由に行動できる個人《こじん》だからこそできることがあると思います。その両方を自分なりに考え、社会に貢献《こうけん》していきたいです。

「車イスでの移動《いどう》は、駅が混《こん》雑《ざつ》しているとやっぱり大変ですね。エレベーターの使い方ひとつをとっても、みんなで快適《かいてき》に設備《せつび》を共有できる社会がいいなと思います」

WEB《ウェブ》グラフィックデザイナーになるには……

配色などのデザインの基礎知識《きそちしき》やWEB《ウェブ》サイトをデザインするための専門知識《せんもんちしき》が必要です。美術系《びじゅつけい》や情報《じょうほう》系《けい》の学部がある大学または専門学校《せんもんがっこう》に進学して、専門《せんもん》知識《ちしき》を学んでおくとよいでしょう。また、学生のうちにできるだけ多くの作品を制作《せいさく》しましょう。作品をまとめたファイルを用意しておくと、就職活動《しゅうしょくかつどう》のときに役立ちます。

- 高校
- ↓
- 大学・専門学校《せんもんがっこう》
- ↓（大学院へ）／↓（直接）
- 大学院
- ↓
- WEB《ウェブ》グラフィックデザイナー

子どものころ

Q 小学生・中学生のとき、どんな子どもでしたか？

車イスを使っていたこともあり、あまり外に遊びに行けなかったので、絵を描《か》いたり、本を読んだり、映画《えいが》を観たりして過《す》ごしていました。本は図書館から借りてきたものを1日に1冊《さつ》、映画《えいが》はDVD《ディーブイディー》のレンタルで週に3本以上観ていたと思います。おこづかいのほとんどがレンタル代に消えて、両親にしかられたのを今でも覚えています。

映画《えいが》は、ソフィア・コッポラ※監督《かんとく》の作品が大好きでした。性別分《せいべつわ》けされることへの反発や思春期の葛藤《かっとう》が「女の子」の目線から描《えが》かれていて、とても心に響《ひび》きました。あまりに好きで、大人《おとな》になってから監督《かんとく》に会うためにアメリカのロサンゼルスまで行ったくらいです。

学校の勉強は、英語と美術《びじゅつ》と歴史《れきし》が好きでした。自分が本当に興味《きょうみ》をもったことと共通点のある科目は、自然とやる気になって好きになるのかもしれないですね。

中学校のとき、京都へ修学旅行《しゅうがくりょこう》へ行った。「みんなが好きなものよりも、個性的《こせいてき》なものが大好きな子どもでした」

ソフィア・コッポラ監督《かんとく》の映画『マリー・アントワネット』。佐《さ》島《しま》さんが大好きな作品のひとつ。

佐島《さしま》さんの夢《ゆめ》ルート

小学校 ▶ 大工、マンガ家

木工などのものづくりが好きだったので大工になりたかったが、障《しょう》がいがあったのであきらめ、マンガ家になりたいと思った。

▼

中学校 ▶ アートディレクター

好きなアーティストのミュージックビデオに感動し、映像作品《えいぞうさくひん》をつくる監督《かんとく》にあこがれた。

▼

高校 ▶ アーティスト

映像作品《えいぞうさくひん》をあつかうアーティストになりたかった。しかし、安定した将来《しょうらい》を考えて秘書検定《ひしょけんてい》や簿記検定《ぼきけんてい》の勉強もし、合格《ごうかく》した。

▼

大学 ▶ 映画監督《えいがかんとく》、のちにＩＴ《アイティー》デザイナー

美術大学《びじゅつだいがく》のデザイン学科に在籍中《ざいせきちゅう》、映画監督《えいがかんとく》として映画制作《えいがせいさく》にうちこんだ。しかし、好きなことは仕事にはせずに自由に表現《ひょうげん》したほうが楽しいと気づき、デジタル分野のデザイナーを目指すことにした。

Q 子どものころにやっておいてよかったことはありますか？

私はソフィア・コッポラ監督《かんとく》の映画《えいが》と出合ったことで、聴《き》く音楽にしても、読む本にしても、どこか同じような世界観をもつものに惹《ひ》かれるようになりました。今、仕事でデザインをするときも、ソフィア・コッポラ監督《かんとく》が描《えが》き出《だ》した映像《えいぞう》のイメージが基盤《きばん》になっていると感じます。そして、基盤《きばん》があるおかげで、自分らしさを失わずに新しいものに挑戦《ちょうせん》できるのだとも思います。

中学生時代に好きなものを見つけることができ、どっぷりとひたることができたのは、本当にラッキーなことだったなと思います。

用語 ※ソフィア・コッポラ ⇒アメリカ合衆国《がっしゅうこく》の映画監督《えいがかんとく》。1971年生まれ。プロデューサー、脚本家《きゃくほんか》、女優《じょゆう》、ファッションデザイナーとしても活躍《かつやく》している。

Q 中学のときの職場体験《しょくばたいけん》は、どこに行きましたか？

本が好きだったので、子ども図書館を選んで行きました。私の住んでいた市には子どものための図書館があったんです。地元の木材を使った、3階建てのすてきな施設《しせつ》でした。

ここに数日間通って、子どもたちに本の読み聞かせをしたり、折り紙を折って室内の飾《かざ》りつけをしたり、本の整理をしたりしました。中学2年生のときだったと思います。

Q 職場体験《しょくばたいけん》ではどんな印象《いんしょう》をもちましたか？

もともと、自分には体力が必要な仕事は無理だと思っていましたが、図書館のような屋内の仕事ならできるだろうと考えていました。ところが行ってみると、本の整理が想像《そうぞう》以上《いじょう》に重労働でした。図書館では、返却《へんきゃく》された本を棚《たな》にもどす仕事や、整理をする仕事があります。私には、重い本を何冊《なんさつ》も持って運ぶことができませんでした。

職業体験《しょくぎょうたいけん》では体を動かして学ぶものが多かったので、それらを体験できずに残念でしたが、自分が身体的な力のいる仕事はできないことを改めて知る機会になりました。将来《しょうらい》、お金を稼《かせ》いで生きていくために、何か、人がまねできない技術《ぎじゅつ》を身につけなければいけないと思うようになりました。

Q この仕事を目指すなら、今、何をすればいいですか？

デザインは、問題解決《もんだいかいけつ》のための手段《しゅだん》です。そのことを忘《わす》れず、社会で起きている問題に目を向け、どうしたら解決《かいけつ》できるか考える習慣《しゅうかん》を身につけてください。中学生のうちは、考えることが何より大切だと思います。

技術《ぎじゅつ》を身につけるには、パソコンで絵を描《か》いたり、チラシやポスターをつくってみるといいですよ。私たちが使っているのはAdobe《アドビ》という会社が出している「Illustrator《イラストレーター》※」や「Photoshop《フォトショップ》※」といったソフトウェアです。実際《じっさい》に仕事に使われている道具をさわることが大事です。チャンスがあれば、このふたつにさわってみることをおすすめします。

ー今できることー

ふだんの暮《く》らし

WEB《ウェブ》サイトをはじめ、雑誌《ざっし》や図鑑《ずかん》、テレビ番組、街にある広告《こうこく》や看板《かんばん》にも絵や図が使われています。学校にある机《つくえ》やイス、駅、電車、バスのなかにも、優《すぐ》れたデザインがあふれています。身のまわりにあるさまざまなデザインを観察して自分のアイデアを増《ふ》やしておくと、仕事に役立つでしょう。また、自分が好きだと思うデザインを写真に撮《と》って集めることもおすすめです。それらを絵に描《か》いたり、自分流にアレンジしたりしましょう。風景のスケッチもよい勉強になります。

国語　ニュースの内容《ないよう》を素早《すばや》く理解《りかい》する能力《のうりょく》が必要です。説明文を読んで図やイラストにする練習をしましょう。

社会　日ごろからWEB《ウェブ》、テレビ、新聞でニュースを見て、日本と世界のできごとや流行を把握《はあく》しておきましょう。

美術　美術作品《びじゅつさくひん》を鑑賞《かんしょう》して、形や色の性質《せいしつ》を理解《りかい》しましょう。また、構成《こうせい》や配色、画材の活かし方を考えて工夫しながら、美術《びじゅつ》の作品づくりに取り組みましょう。

技術　デジタル作品の設計《せっけい》・制作《せいさく》の仕方を学びましょう。作品の内容《ないよう》をわかりやすく伝えることを意識《いしき》して、文字の色や大きさ、画像《がぞう》を配置する位置を工夫しましょう。

用語　※ Illustrator《イラストレーター》 ⇒ Adobe《アドビ》社が提供《ていきょう》するデザインソフト。図やイラスト、デザイン制作《せいさく》に使うツール。

用語　※ Photoshop《フォトショップ》 ⇒ Adobe《アドビ》社が提供《ていきょう》する画像編集《がぞうへんしゅう》ソフト。写真や画像《がぞう》の加工・色調整、合成を行える。

File No.225

ランドスケープデザイナー

Landscape Designer

ランドスケープデザイン
髙橋大樹《たかはしだいき》さん
入社10年目 33歳《さい》

「風景」をデザインして、自然と調和した都市環境《としかんきょう》をつくっています

「ランドスケープ」は、「風景」や「景観」という意味の言葉です。屋外の空間をデザインし、まわりの風景と調和する場所にすることで、まとまりのある美しい街なみをつくる仕事があります。株式会社《かぶしきがいしゃ》ランドスケープデザインの髙橋大樹《たかはしだいき》さんに、お話を聞きました。

Q ランドスケープデザイナーとはどんな仕事ですか？

自治体や、デベロッパーとよばれる土地や街の開発事業者から依頼《いらい》を受けて、景観をデザインする仕事です。私たちの会社では、公園や川沿《かわぞ》いの遊歩道、商業施設《しょうぎょうしせつ》、大学のキャンパス、野球場などを手がけています。

デザインするのは、敷地《しきち》のなかの屋外の部分です。私たちの仕事の特徴《とくちょう》は、デザインの依頼《いらい》を受けた範囲《はんい》だけで完成させるのではなく、周辺の街なみや自然と調和するようにデザインする点です。

私の場合の仕事の手順は、次のようになります。デザインの依頼《いらい》を受けたらまず、デザインする場所について調査《ちょうさ》し、デザインの方針《ほうしん》(コンセプト)を決めます。これは、周辺の環境《かんきょう》を考えてよりよい街づくりに貢献《こうけん》できるよう、デザインの目的を明らかにするための作業です。方針《ほうしん》が決まったらおおまかな設計《せっけい》をし、依頼主《いらいぬし》に提案《ていあん》します。承諾《しょうだく》を得《え》たら、CAD《キャド》というソフトを使って細かく設計図《せっけいず》をかきます。工事が始まると、現場《げんば》に出向いて工事の状況《じょうきょう》を確認《かくにん》します。

都市部では、人間が自然をこわしてビルを建て続けた結果、地域《ちいき》の生態系《せいたいけい》がくずれてしまった場所も多くあります。周囲《しゅうい》の自然となじむ空間をつくることで、もともとその土地にいた動植物を呼《よ》びもどすことができれば、環境《かんきょう》の再生《さいせい》につながります。人が減《へ》っている過疎地《かそち》の場合は、魅力的《みりょくてき》な空間ができることで人が集まり、地域《ちいき》の活性化《かっせいか》に役立ちます。

私はランドスケープデザイナーとして、このように人にも自然にもよい空間をつくることを目指しています。

髙橋《たかはし》さんのある1日

09:30 出社、メール・チャットの確認《かくにん》
▼
10:00 プレゼンテーション資料《しりょう》の作成
▼
11:00 社内での打ち合わせ
▼
12:00 ランチ
▼
13:00 社外打ち合わせのため外出
▼
15:00 会社にもどり、実施設計図《じっしせっけいず》の作成
▼
19:00 退社《たいしゃ》

羽田空港《はねだくうこう》に隣接《りんせつ》した商業複《しょうぎょうふく》合施設《ごうしせつ》、羽田《はねだ》イノベーションシティ。「この施設《しせつ》のランドスケープデザインを担当《たんとう》しました。松や柳《やなぎ》など、和の植物を植えることにこだわりました」

髙橋《たかはし》さんの仕事の流れ

❶ 調査《ちょうさ》

デザインする空間について、その場所の歴史《れきし》的《てき》な成り立ちや、もともとの自然環境《しぜんかんきょう》を調べる。現地《げんち》へ通ったり、資料《しりょう》を探《さが》したりして情報《じょうほう》を集め、地域《ちいき》に今ある問題点や課題を探《さぐ》る。

▶

❷ デザインのコンセプト決め

整備《せいび》の目的を理解《りかい》した上で地域《ちいき》の課題を見つける。その後、どのような方針《ほうしん》でデザインするかを決め、依頼主《いらいぬし》に提案《ていあん》する。

▶

❸ 基本設計《きほんせっけい》

敷地《しきち》のおおまかな使い方を決める。人の流れを考えながら園路のかたちをデザインする。樹木《じゅもく》を植える場所、水景をつくる場合は池や水路の場所など、デザインに関わる基本的《きほんてき》な設計《せっけい》をする。

▶

❹ 実施設計《じっしせっけい》

細かいデザインの検討《けんとう》作業《さぎょう》を行う。園路の舗《ほ》装材《そうざい》やベンチのデザインを考え、細部の構造《こうぞう》がわかる図面を作成する。これが、工事を行う会社が施工図《せこうず》をつくる際《さい》のもととなる。

▶

❺ 現場《げんば》チェック

工事に使われる施工図《せこうず》にまちがいがないか、確《かく》認《にん》する。工事が始まると現場《げんば》へ行って、ベンチのデザインを確認《かくにん》したり、樹木《じゅもく》を植える位置と向きを指示《しじ》したりする。

仕事の魅力《みりょく》

Q どんなところがやりがいなのですか？

公園や商業施設《しょうぎょうしせつ》など、屋外の公共の場所をデザインする仕事なので、多くの人に楽しんでもらえるところです。デザインしたものが何十年も残ることにも、やりがいを感じます。

私は仕事をするにあたって、その地域《ちいき》の歴史《れきし》や土地の成り立ちなどを調査《ちょうさ》することが好きです。どんな土地にも個性《こせい》があります。地域独自《ちいきどくじ》の価値《かち》や魅力《みりょく》を発見し、デザインにうまく取り入れられたときは、手応《てごた》えを感じますね。

自分の住む土地の魅力《みりょく》は、住んでいる本人には案外、見つけにくいものです。住んでいる人たちにこそ魅力《みりょく》に気づいてもらいたいですし、その手伝いをしたいと思っています。

羽田《はねだ》イノベーションシティの建物の屋上につくられた、だれでも無料で楽しめる足湯スペース。「飛行機を見ながら、ほっとひと息できる場所です」

Q 仕事をする上で、大事にしていることは何ですか？

自分のデザインが地域《ちいき》になじむことを、いちばん大切にしています。つくったものが長い間そこに残り続けるので、めずらしかったり目立ったりするものよりも、時間とともに地域《ちいき》に溶《と》けこんでいくものをつくるように心がけています。

例えば、その地域《ちいき》に多く生えているものと同じ植物を植えて、成長とともに、敷地《しきち》のとなりにある昔からの森と一体化するようにデザインすることがあります。地域《ちいき》の歴史《れきし》や環境《かんきょう》をしっかりと調べることで、そのようなアイデアも生まれ、実現《じつげん》できるのです。

Q なぜこの仕事を目指したのですか？

私の場合は、デザインの仕事をしたいというよりは、子どものころから自然や環境問題《かんきょうもんだい》に興味《きょうみ》があったことがきっかけで、この仕事に就《つ》きました。

自然に関することを学びたかったので、大学は農学部に進学しました。専門分野《せんもんぶんや》を決める前にはば広い知識《ちしき》を身につけたいと考え、農業や環境問題《かんきょうもんだい》などさまざまな分野の勉強をしました。そのなかで、自然と調和するデザインを行う「ランドスケープデザイン」という分野に出合いました。大都市でも小さな集落でも、「まち」はすべて自然環境《しぜんかんきょう》が基盤《きばん》となってできています。その環境《かんきょう》の力を借りながら空間をデザインすることを、おもしろいと感じたんです。

大学院でさらに専門的《せんもんてき》なことを学んだ後、多くのランドスケープデザインを手がけている現在《げんざい》の会社に就職《しゅうしょく》しました。

「会社には、たくさんのタイルや石材のサンプルが用意してあります」

「砂利《じゃり》だけでも、いくつもの種類があります」

Q 今までに どんな仕事をしましたか？

入社してから数年間は、設計補助《せっけいほじょ》としていろいろな案件《あんけん》のデザインに参加しました。その経験《けいけん》を通して仕事に必要な知識《ちしき》を身につけ、ひと通りの業務《ぎょうむ》をまかせてもらえるようになりました。

プロジェクトによっては計画がスタートしてから完成まで5～6年かかる仕事なので、私が中心となって手がけた案件《あんけん》はまだ多くはありません。そのなかで印象《いんしょう》に残っているのは、石川県の商業施設《しょうぎょうしせつ》での仕事です。敷地《しきち》の入り口部分に森をつくるプロジェクトで、地域《ちいき》にもともとある在来種《ざいらいしゅ》を中心にさまざまな樹木《じゅもく》を植え、地域《ちいき》のみなさんが集まれるようにしました。自然を楽しめる憩《いこ》いの場になっています。

Q 仕事をする上で、難《むずか》しいと感じる部分はどこですか？

デザインのアイデアが出てこないときは、つらいです。地域《ちいき》の調査《ちょうさ》を終え、基本設計《きほんせっけい》をする段階《だんかい》で悩《なや》むこともあります。そういうときは、まわりの人に意見を聞きます。自分では思いつかなかった発想や視点《してん》に気づけるので、積極的に相談するようにしています。

また、私は社外の方との調整がまだ上手《じょうず》ではないと感じています。デザインしたものを実際《じっさい》につくるのは建築《けんちく》や造園《ぞうえん》の会社の方ですが、意見が合わないときの話し合いが難《むずか》しいですね。コミュニケーションの仕方を日々模索《もさく》しています。

「会社のメンバーとの雑談《ざつだん》がアイデアのきっかけになることも、たまにありますね」

Q この仕事をするには、どんな力が必要ですか？

「土地・地域《ちいき》に興味《きょうみ》をもつ力・よさを見つける力」が必要だと思います。

今は、どの地域《ちいき》に行っても、大きな国道に沿《そ》って同じようなお店があるなど、一見すると似《に》たような街が多いと思います。でも、成り立ちや歴史《れきし》は場所によってちがいます。昔は海だった土地、火山灰《かざんばい》が降《ふ》り積《つ》もってできた土地、昔から稲作《いなさく》が盛《さか》んだった地域《ちいき》など、さまざまな背景《はいけい》があります。

ランドスケープデザインをするには、それぞれの土地の個性《こせい》を見つけて活かすことが重要です。まずは自分の住む地域《ちいき》に興味《きょうみ》をもつこと、そして、ほかの地域《ちいき》を訪《おとず》れたときにちがいを感じたり、なぜちがうのか関心をもって調べたりする力が必要です。

参考資料《さんこうしりょう》

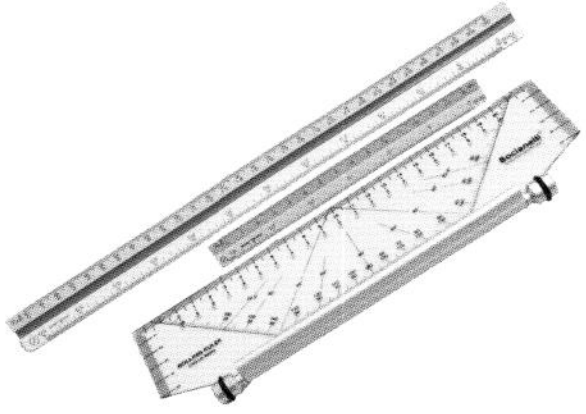

定規《じょうぎ》

樹木図鑑《じゅもくずかん》

パソコン

PICKUP ITEM

屋外空間のデザインを手がけるときは、まずその空間の歴史《れきし》や地形など自然《しぜん》環境《かんきょう》を調べる。江戸時代《えどじだい》の浮世絵《うきよえ》は、その土地のもともとの姿《すがた》を知るのに役立つ。またデザインに植物を取り入れるため、樹木《じゅもく》の図鑑《ずかん》も欠かせない。デザインと設計図《せっけいず》にはおもにパソコンを使うが、紙へのスケッチには定規《じょうぎ》を使う。

毎日の生活と将来《しょうらい》

Q 休みの日には何をしていますか？

休日は家族と過《す》ごします。パートナーが建築家《けんちくか》なので、いっしょに東京各地の風景や建築《けんちく》を見に出かけます。

旅行にもよく行きますよ。川があれば、河原《かわら》で石拾いをします。模様《もよう》やかたちがさまざまでかっこいいということもあるのですが、上流から流れてきた石は、その流域独自《りゅういきどくじ》の地質《ちしつ》を表したものです。「これはあの山から流れてきたからきっと○○岩だな」などと考えるのもおもしろいです。その後に街を歩くと、道路の舗装《ほそう》に河原《かわら》のものと同じ石が使われていると気づくこともあり、さらに楽しくなりますね。

「埼玉県の秩父《ちちぶ》の河原《かわら》で石拾いをしました。拾った石は自宅《じたく》で保《ほ》管《かん》しています。石がどんどん増《ふ》えています」

「自宅《じたく》のベランダで植物を育てています。植物の世話をする時間が大好きです」

Q ふだんの生活で気をつけていることはありますか？

よく街を歩いて、神社に古くから生えている植物などにも気を配るようにしています。新しくできた施設《しせつ》があれば、デザインを観察しに行きます。自分のデザインのヒントになるので、散策《さんさく》しながら写真を撮《と》ることも多いんです。仕事の日の昼休みにも、できるだけ外に出て、近くの商業施《しょうぎょうし》設《せつ》を見てまわるようにしています。何度も行っている場所でも、季節ごとに咲《さ》く花が変化するので、勉強になります。

今、自宅《じたく》のベランダでバジルやシソなどの食べられる植物や観葉植物を育てています。自然を取り入れたデザインをするには、季節を感じとることも大切です。自分で植物を育てることで、季節の変化を肌《はだ》で感じられます。

髙橋《たかはし》さんのある1週間

	月	火	水	木	金	土	日
05:00							
07:00	食事・読書 ニュースチェック	食事・読書 ニュースチェック	食事・読書 ニュースチェック	食事・読書 ニュースチェック	食事・読書 ニュースチェック		
09:00	出社		出社	出社	出社		
11:00	ミーティング 昼休み	出張《しゅっちょう》 （地方の案件）	設計作業《せっけいさぎょう》など 昼休み	設計作業《せっけいさぎょう》など 昼休み	設計作業《せっけいさぎょう》など 昼休み		
13:00	設計作業《せっけいさぎょう》など		ミーティング	ミーティング	ミーティング		
15:00	ミーティング		移動《いどう》				
17:00	設計作業《せっけいさぎょう》など	移動《いどう》 帰宅《きたく》	現場《げんば》打ち合わせ	設計作業《せっけいさぎょう》など	設計作業《せっけいさぎょう》など	休日	休日
19:00	帰宅《きたく》		帰社・その他作業	学会委員会	帰宅《きたく》		
21:00			帰宅《きたく》	帰宅《きたく》			
23:00							
01:00	睡眠《すいみん》	睡眠《すいみん》	睡眠《すいみん》	睡眠《すいみん》	睡眠《すいみん》		
03:00							
05:00							

現場《げんば》へ出向いての打ち合わせのほか、地方でのプロジェクトでは出張《しゅっちょう》もある。ランドスケープデザインの仕事と関係する学会委員会へ出席することもある。

Q 将来《しょうらい》のために、今努力していることはありますか？

これまで、ランドスケープや建築《けんちく》に関する本ばかり読んできたのですが、人が集まる場所のデザインをしている以上、「人間とは何か」ということを知る必要がある気がしています。そのため、最近は経済《けいざい》や哲学《てつがく》の本も読んでいます。

また、先日、大学院時代の教授《きょうじゅ》とともに論文《ろんぶん》を発表しました。古い書物などを探《さぐ》ると、1000年以上前から人が住んでいた地域《ちいき》がわかり、それが現在《げんざい》のどの地域《ちいき》なのか、ある程《てい》度《ど》特定することができます。自然災害《しぜんさいがい》が多い日本で、長年住み続けられる地域《ちいき》はどういう環境《かんきょう》や地形にあるのか、ということを調べてまとめました。今後はこういった学問的《がくもんてき》な方向からも、ランドスケープデザインにたずさわりたいです。

会社にはたくさんの参考書がある。「新刊《しんかん》を購入《こうにゅう》して棚《たな》に置く役割《やくわり》は、私が担当《たんとう》しています。ランドスケープデザインはアメリカが最先端《さいせんたん》をいっているので、洋書が多いですね」

Q これからどんな仕事をし、どのように暮《く》らしたいですか？

人が永《なが》く住み続けられる土地の研究を進めて、「かつて洪水《こうずい》が多かった土地だから、ここにつくるならこういうデザインがいい」など、ランドスケープデザインをする際《さい》の根《こん》拠《きょ》となるような情報《じょうほう》を集め、たくわえたいです。

この仕事は、完成したデザインを納《おさ》める期限《きげん》が決まっているため、どうしても土地の調査《ちょうさ》にかける時間をたっぷりとはとれません。そういうときのために「調査済《ちょうさず》みで、ここにデータがありますよ」という情報《じょうほう》の集積所をつくりたいんです。同じ悩《なや》みをもつ同業者の助けになればいいですね。

そして、将来《しょうらい》はなるべく、自然とともに生活したいと考えています。自然が豊《ゆた》かな場所に住んで、その地域《ちいき》のランドスケープデザインにたずさわりたいです。

今はベランダで小さなガーデニングをしていますが、植物の手入れをしていると、時間を忘《わす》れて没頭《ぼっとう》します。自然の多い場所に住むことができたら、本格的《ほんかくてき》な畑をつくり、自然と一体化するような時間を増《ふ》やせたらいいなと思っています。

デザイン案をパソコンで制作《せいさく》する。「図面《ずめん》制作《せいさく》ソフトのCAD《キャド》の使い方は、会社に入ってから学びました」

ランドスケープデザイナーになるには……

この仕事をするには、造園会社《ぞうえんがいしゃ》や設計事務所《せっけいじむしょ》に就職《しゅうしょく》するのが一般的《いっぱんてき》です。環境系《かんきょうけい》や建築系《けんちくけい》、美術系《びじゅつけい》の学部がある大学や専門学校《せんもんがっこう》に進学するとよいでしょう。国家《こっか》資格《しかく》である造園施工管理技士《ぞうえんせこうかんりぎし》の資格《しかく》のほか、関連する民間の資格《しかく》を取得《しゅとく》するには、実務経験《じつむけいけん》が必要な場合があります。

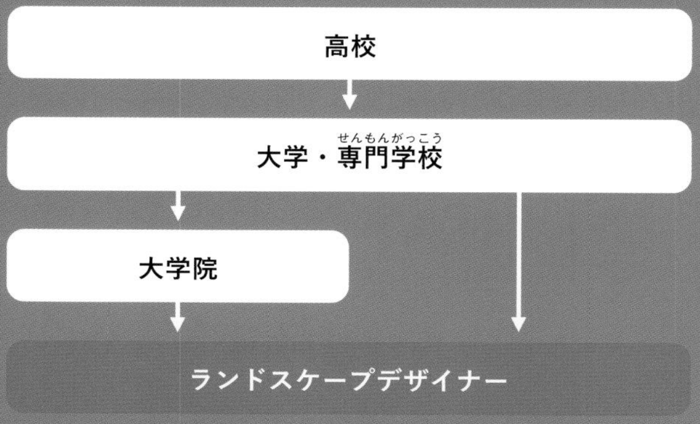

子どものころ

Q 小学生・中学生のとき、どんな子どもでしたか？

小・中学校を通して野球のクラブチームに所属《しょぞく》し、朝早くから練習をしていました。

また、子どものころから自然が好きだったので、夏休みには毎年、祖父母《そふぼ》の家に遊びに行っていました。近所の川で魚を釣《つ》ったり虫をとったりするのが楽しみでした。自分の住む家のまわりにはあまり自然がなかったので、ふだんからこういう遊びがしたいな、と思っていたのを覚えています。

勉強は結構《けっこう》まじめにするタイプで、宿題も必ず家で済《す》ませました。夏休みの自由研究もテーマ決めの段階《だんかい》から毎年楽しんでいました。

自由研究でよくとりあげたのは、社会の歴史分野《れきしぶんや》と理科の生物分野です。歴史《れきし》は、人物ごとのストーリーやそのつながりが興味深《きょうみぶか》かったです。生物は、植物の生態《せいたい》などを学ぶのが好きでした。こう考えると、歴史好《れきしず》きも生物好きも今の仕事につながっているので、おもしろいですね。

体育祭のクラス対抗種目《たいこうしゅもく》「川下り」で、船頭としてクラスメイトの肩《かた》の上を渡《わた》る髙橋《たかはし》さん。小柄《こがら》で運動《うんどう》神経《しんけい》がばつぐんだった。

職場体験《しょくばたいけん》で、豆《とう》腐店《ふてん》へ行った。豆《とう》腐《ふ》づくりを手伝ったときの写真。

Q 子どものころにやっておいてよかったことはありますか？

自然が好きで、自然にふれることで自然の大切さや魅力《みりょく》を理解《りかい》していたことはよかったと思います。森や山などの大自然だけでなく、都市部にも公園や整備《せいび》された遊歩道といった身近な自然は数多くあります。夏は木々がつくった木陰《こかげ》ですずむなど、私たちは無意識《むいしき》に自然からの恩恵《おんけい》を受けていますね。これらの恩恵《おんけい》に目を向け、花が咲《さ》いた、紅葉《こうよう》したなど、季節を感じることは大切です。

小さなものでも構《かま》わないので、自分で植物を育ててみるとよいと思います。自分で育てると愛着をもつことができるので、植物の変化や成長に気づきやすく、勉強になります。

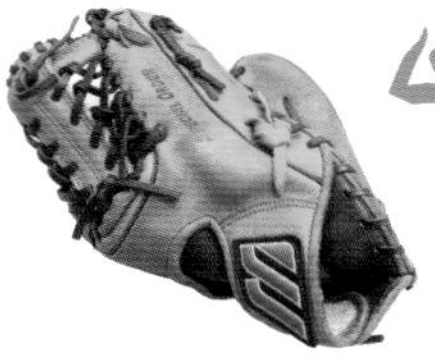

野球少年だった髙橋《たかはし》さんが使いこんだグローブ。

髙橋《たかはし》さんの夢《ゆめ》ルート

小学校 ▶ 水源林《すいげんりん》の管理人

自由研究で東京都の多摩川《たまがわ》について調べた。源流《げんりゅう》の森を守る仕事をしたかった。

▼

中学校 ▶ 薬剤師《やくざいし》・化学者

環境問題《かんきょうもんだい》に関心をもち、薬品などを使って環境《かんきょう》を調査《ちょうさ》する仕事に魅力《みりょく》を感じた。

▼

高校 ▶ 河川《かせん》の再生《さいせい》に関わる仕事

物質《ぶっしつ》について学ぶ化学より、河川《かせん》など実空間に興味《きょうみ》をもった。

▼

大学 ▶ 公務員《こうむいん》

役所の公園整備係《こうえんせいびがかり》への道も考えた。

Q 中学のときの職場体験《しょくばたいけん》は、どこに行きましたか？

２年生のときに3日間、近所の商店街の豆腐屋《とうふや》さんに行き、得意先《とくいさき》への配達につれていってもらったり、豆腐《とうふ》のつくり方を教えてもらったりしました。３年生のときにも３日間、商店街のスポーツ用品店に行きました。POP《ポップ》※づくりや品出し、接客《せっきゃく》の体験をした記憶《きおく》があります。

どちらも、ふだんから知っている近所の個人商店《こじんしょうてん》だったので、いつも見かける商店街のおじさんはこういう仕事をしているんだな、と不思議な感じがしました。

Q 職場体験《しょくばたいけん》ではどんな印象《いんしょう》をもちましたか？

商品や材料をどうやって仕入れ、つくり、売っているのかという商売の一連の流れを理解《りかい》できたと思います。豆腐屋《とうふや》さんの場合は、店頭で売る以外にも、老人ホームなどに大量に商品を卸《おろ》していました。お店に買いに来る人だけでなく、知らないところにもたくさんお客さんがいるんだな、とおどろいたのを覚えています。

職場体験《しょくばたいけん》を通じて、当たり前のことながら、日ごろ自分が手にしているものや食べているものはだれかの手によってつくられたものだ、ということを改めて実感しました。

Q この仕事を目指すなら、今、何をすればいいですか？

私は、自然や環境《かんきょう》への関心からランドスケープデザインの仕事にたどり着きましたが、会社には、美術大学出身《びじゅつだいがくしゅっしん》でデザイン分野から入った人、建築《けんちく》の分野から入った人など、さまざまな人がいます。どんな道筋《みちすじ》をたどるにしても、自分にしかできないことをもっている人が強いと感じます。中学生のうちは、自分の好きなこと、得意《とくい》なこと、気になることに打ちこんで探求《たんきゅう》し、自分の強みをつくってほしいです。

まずは、地域《ちいき》の自然や地形に興味《きょうみ》をもって、近くの公園や庭園を見てまわるとよいと思います。中学生ならではの感性《かんせい》で自然を感じておくことは、将来《しょうらい》の財産《ざいさん》になります。

ー今できることー

ふだんの暮《く》らし

自分の住む地域《ちいき》の成り立ちを、図書館にある郷土資料《きょうどしりょう》を見て学習しましょう。また、身近な場所にある植物に着目し、名前や特徴《とくちょう》を図鑑《ずかん》を使って調べてみましょう。公園や大通りなど、街の施設《しせつ》に植えてある植物にも目を向けてみてください。どのような場所に、どのような木や花が植えられているかを観察すると、ランドスケープデザインの基本《きほん》の部分につながるでしょう。林間学校やキャンプなどの屋外活動を通じて自然にふれる体験をたくさんしておくこともおすすめです。

社会　地理や歴史《れきし》の授業《じゅぎょう》を通じて、地域《ちいき》の特色を学びましょう。地域《ちいき》の環境問題《かんきょうもんだい》や環境保全《かんきょうほぜん》の取り組みについて学び、環境《かんきょう》を守ることの大切さを考えてみましょう。

理科　植物のつくりと働きや、大地の成り立ちと変化など、自然に関する知識《ちしき》をはば広く学んでおきましょう。

技術　情報技術《じょうほうぎじゅつ》の単元で、コンピューターの基本的《きほんてき》な仕組みや操作方法《そうさほうほう》を学びましょう。

英語　海外のランドスケープデザインの情報《じょうほう》を取り入れるために、海外の雑誌《ざっし》や参考書を読むこともあります。英語の読解力《どっかいりょく》をのばしておきましょう。

用語　※POP《ポップ》⇒商品の内容《ないよう》や、おすすめのポイントをまとめたカード。商品を並《なら》べる棚《たな》などに取りつける。

File No.226

コミュニティデザイナー

Community Designer

studio-L《スタジオエル》
渡邊彩子《わたなべさいこ》さん
所属《しょぞく》6年目 32歳《さい》

地域《ちいき》の課題を、地域《ちいき》の人たちが解決《かいけつ》するための場をつくります

コミュニティとは、人々の集まりのことです。人々の交流によって地域《ちいき》を変えていきたいとき、そのための仕組みが必要です。コミュニティデザイン※を手がけるstudio-L《スタジオエル》のスタッフとして、地域《ちいき》のコミュニティ活動を支援《じえん》している渡邊彩子《わたなべさいこ》さんに、お話を聞きました。

用語　※ コミュニティデザイン ⇒ワークショップなど地域《ちいき》の人たちが対話する機会をつくり、地域《ちいき》の課題を住民参加で解決《かいけつ》する支援《しえん》をすること。阪神《はんしん》・淡路大震災《あわじだいしんさい》、東日本大震災《ひがしにほんだいしんさい》を経《へ》て、助け合うための住民どうしのつながりが重要視《じゅうようし》されている。

Q コミュニティデザイナーとはどんな仕事ですか？

自治体などから依頼《いらい》を受け、地域《ちいき》の人たちが対話する機会を設《もう》けて、人と人のつながりをつくります。

例えばあるまちで中学校の校舎《こうしゃ》が古くなり、小学校と合体させた小中一貫《しょうちゅういっかん》の新しい学校をつくることになりました。そこで私たちに、地域《ちいき》の人たちが話し合い、どんな学校にするのかを考える手伝いをしてほしい、と相談がありました。

プロジェクト開始にあたり、私たちはまず、教育に関する国の計画や専門書《せんもんしょ》を読みこみ、先生やPTA《ピーティーエー》の方に話を聞きました。その後、さまざまな世代の地域《ちいき》の人たちに集まってもらい、ワークショップ※を開催《かいさい》して、どんな学校にしたいかというイメージや運営《うんえい》の仕方について話し合いました。

話し合いを重ねるうちに、子育て世代でない人たちが学校の運営《うんえい》に関わるための仕組みが必要だとわかりました。そして、地域《ちいき》の人が自由に使えるスペースを校内につくる計画ができあがりました。大人《おとな》が楽しく学ぶ姿《すがた》を見て子どもも学べるスペースにしようと、話し合いが続けられています。

地方から都市部へ人口が流出し、地方でも都市部でも、住民どうしの関係性《かんけいせい》が希薄《きはく》になっています。少子高齢化《しょうしこうれいか》の問題や防災《ぼうさい》の観点からも、住民のつながりが求められていますが、それは簡単《かんたん》なことではありません。そこで私たちコミュニティデザイナーは、人々の関わり合いのなかに隠《かく》れている地域《ちいき》の魅力《みりょく》や課題を探《さが》すお手伝いをします。ともに活動し、解決《かいけつ》への道筋《みちすじ》をつくることで、人々のつながりという「見えないもの」をデザインしています。

渡邊《わたなべ》さんのある1日

08:30 始業、メールとメッセージの確認《かくにん》
▼
11:00 社内スタッフとオンライン打ち合わせ
▼
12:00 ランチ
▼
14:00 ワークショップを行う会場へ移動《いどう》し、準備《じゅんび》をする
▼
15:00 企画依頼者《きかくいらいしゃ》とオンライン打ち合わせ
▼
16:00 ワークショップを行う
▼
19:00 ワークショップ終了《しゅうりょう》、終業して帰宅《きたく》

小中一貫校《しょうちゅういっかんこう》の整備《せいび》プロジェクトでの一場面。どんな学校にしたいかというイメージについて、親子で話し合う場をつくった。

プロジェクトの進行手順

❶ 調査《ちょうさ》する

・依頼《いらい》されたプロジェクトに似《に》た事例を探《さが》し、資料《しりょう》を集める。
・人口や高齢化率《こうれいかりつ》、おもな産業など、依頼《いらい》された地域《ちいき》に関する情報《じょうほう》を集める。
・地域《ちいき》のための活動を行っている人を訪《たず》ね、話を聞く。100人くらいの人を訪《たず》ねてまわる。

▶

❷ ワークショップを開催《かいさい》する

・カードゲームなど、参加者にワークショップへ主体的に参加してもらうための道具を用意する。
・ワークショップを開催《かいさい》し、当事者としての参加の意識《いしき》を高めてもらう。時代の傾向《けいこう》、地域《ちいき》のよいところや課題、プロジェクトについて意見を交換《こうかん》する。

▶

❸ グループをつくり、活動内容《かつどうないよう》を決める

・ワークショップの参加者を数人ずつに分け、チームをつくる。
・それぞれのチームで話し合いをくりかえし、地域《ちいき》の課題を見つけるため、または解決《かいけつ》のための工夫につながる活動内容《かつどうないよう》を決める。

▶

❹ 活動を支援《しえん》する

・各チームの話し合いが進むよう手助けする。
・冊子《さっし》や動画、WEB《ウェブ》サイトなど、活動の内容《ないよう》をまわりの人に伝えるための道具づくりを手伝う。建築《けんちく》やインテリアデザイン、イベントの企画運営《きかくうんえい》、出版物《しゅっぱんぶつ》の編集《へんしゅう》など、各スタッフの得意《とくい》分野を活かした支援《しえん》をする。

用語 ※ ワークショップ ⇒ 参加者が実際《じっさい》に作業や意見交換《いけんこうかん》を行って、技術《ぎじゅつ》や知識《ちしき》を修得《しゅうとく》する、体験型《たいけんがた》の講座《こうざ》。

仕事の魅力《みりょく》

Q どんなところがやりがいなのですか？

日本各地で、魅力的《みりょくてき》な暮《く》らしをしている人たちと知り合えることです。あるプロジェクトの参加者に、サウナが大好きで自分でサウナをつくったという方がいました。ほかにも野菜や炭をつくる方、裁縫《さいほう》でまわりの人を喜《よろこ》ばせている方とも出会いました。このように、出会った人から暮《く》らしを楽しむ知恵《ちえ》を教わることができるのがこの仕事のよいところです。これらの人々が参加し、ワークショップでの議論が深まるにつれて、私たちデザイナーが考えもしなかったアイデアが生まれるようすが見られると、大きな喜《よろこ》びを感じます。

私は数年前から、メインスタッフとして、ロイダッツというチャリティショップ※企画《きかく》を担当《たんとう》しています。地域《ちいき》のみなさんから寄付《きふ》してもらった服や小物を、その地域《ちいき》の人やボランティアの力で販売《はんばい》するプロジェクトで、売り上げ金は社会課題解決《しゃかいかだいかいけつ》のための資金《しきん》にします。

チャリティショップでは、その地域《ちいき》ならではの品物が集まります。慈善事業《じぜんじぎょう》なので人々が参加しやすく、関わる人たちのつながりも生まれやすいと考えています。今後、全国展《てん》開《かい》していくので、新しい出会いを想像《そうぞう》するとわくわくします。

チャリティショップ企《き》画《かく》の名前は、studio-L《スタジオエル》のつづりを逆《ぎゃく》から読ませた「ロイダッツ」。

Q 仕事をする上で、大事にしていることは何ですか？

事前調査《じぜんちょうさ》をしっかり行うことです。例えばあるまちの健《けん》康促進計画《こうそくしんけいかく》をつくることを支援《しえん》をするプロジェクトなら、住民《じゅうみん》の健康管理を担《にな》う保健師《ほけんし》が知っているべき基礎知識《きそちしき》を学び、頭に入れておきます。すると地域《ちいき》の人たちとの対話がスムーズに進み、よいアイデアが生まれやすくなります。

ワークショップの場合は、来てくれた地域《ちいき》の人たちに「また来たいな」「自分が住むまちのことをみんなで話し合うのは楽しいな」と思ってもらうことが大事です。よりおもしろくするために、ワークショップの進め方やワークショップに使う道具のデザインについて、スタッフと議論《ぎろん》を重ねます。

以前、プロジェクトに参加してくれた地域《ちいき》の人が、設営《せつえい》したチャリティショップに遊びに来てくれた。「地域《ちいき》の方が自主的に交流の場に参加してくれるようになるのは、うれしいです」

Q なぜこの仕事を目指したのですか？

小学生のころ、同居《どうきょ》していた祖父《そふ》が車イスを使うようになったため、生活しやすいように自宅《じたく》の改修工事《かいしゅうこうじ》を行いました。段差《だんさ》をなくしたり、手すりをつけたりする工事です。ごく小規模《しょうきぼ》な工事でしたが、ちょっとした工夫で車イス生活を快適《かいてき》にできることにびっくりしました。そして、このちょっとした工夫で暮《く》らしが豊《ゆた》かになることがデザインそのものだと知り、デザイナーという仕事に興味《きょうみ》をもったんです。

studio-L《スタジオエル》という会社を知ったのは、大学院で高齢者住《こうれいしゃじゅう》宅《たく》や福祉《ふくし》のまちづくりを研究しているときでした。デザインの力を使った課題解決《かだいかいけつ》のお手伝いは、小学生のときに体験して印象深《いんしょうぶか》かった改修工事《かいしゅうこうじ》に似《に》ていると感じたんです。まずはインターンシップでstudio-L《スタジオエル》の仕事に参加し、大学院卒業後、正式に働くことになりました。

用語 ※ チャリティショップ ⇒ 慈善事業団体《じぜんじぎょうだんたい》などの運営《うんえい》を支《ささ》えるための中古品の販売店《はんばいてん》。営利《えいり》を目的とせず、収益《しゅうえき》を社会貢献活動《しゃかいこうけんかつどう》に使う。

チャリティショップにお客さんがやってきた。寄付《きふ》された商品の由来と魅力《みりょく》を説明する渡邊《わたなべ》さん。

Q 今までにどんな仕事をしましたか？

大学でプロダクトデザイン※を学んだ後、お店や展示会《てんじかい》のブースなどをデザインする会社に就職《しゅうしょく》しました。私の出身地、新潟県の会社です。地元でつくられた商品の魅力《みりょく》を消費者《しょうひしゃ》に伝えるためのデザインを担当《たんとう》しました。けれど、つくったものを短期間で廃棄《はいき》しなければならない仕事に違《い》和感《わかん》を覚え、勉強し直そうと大学院に進学しました。

studio《スタジオ》-L《エル》では、小中一貫校整備《しょうちゅういっかんこうせいび》のプロジェクトやチャリティショップ企画《きかく》などを担当《たんとう》しています。プロダクトデザインの知識《ちしき》と技術《ぎじゅつ》を活かしながら、それぞれのプロジェクトに取り組んでいます。

Q 仕事をする上で、難《むずか》しいと感じる部分はどこですか？

当然のことかもしれませんが、地域《ちいき》の特徴《とくちょう》を理解《りかい》し、その土地に合った方法で課題解決《かだいかいけつ》にあたるのが難《むずか》しいですね。ある地域《ちいき》で成功した方法が別の地域《ちいき》でもうまくいくとは限《かぎ》りません。地域《ちいき》ごとに、コミュニティの事情《じじょう》がちがうからです。

解決《かいけつ》のヒントをにぎっているのは、そこに住む人たち自身です。私はその場所に何度も通い、人々の思いや意見のなかから問題を解決《かいけつ》するための仕組みづくりのヒントを探《さが》します。

ヒントの糸口がつかみきれず、プロジェクトの方向性《ほうこうせい》が定まらないときには、事務所《じむしょ》の先輩《せんぱい》に相談して、私が見落としていた糸口をいっしょに探《さが》してもらうこともあります。

Q この仕事をするには、どんな力が必要ですか？

どんなに大変な状況《じょうきょう》も楽しむことができる力です。

簡単《かんたん》ではないことを前にすると、「どうしたらいいだろう」という不安な気持ちになることもあります。しかしそれをどうしたら楽しめるかを考え、おもしろがって取り組んでいると、共感して協力してくれる仲間が増《ふ》えてきます。

地域《ちいき》の課題は、住民の方々の自主的な参加があってこそ楽しく解決《かいけつ》することができます。自分の仕事や生活があるなかで、それとは別に時間を割《さ》いて話し合いやワークショップに来てもらうには、私たちの活動に共感してもらうことが必要です。自分も参加したいと思ってもらえるように、まずは私自身が楽しんでいる姿《すがた》を見せることが大事だと思っています。

ボイスレコーダー

名刺入《めいしい》れ

カメラ

パソコン

PICKUP ITEM

企画《きかく》を手がけるたびに多くの人とやりとりをするので、渡邊《わたなべ》さんの名刺入《めいしい》れには名刺《めいし》がどんどん増《ふ》える。ワークショップのようすはカメラで撮影《さつえい》して後の検証時《けんしょうじ》の資料《しりょう》とし、プロジェクト報告書《ほうこくしょ》などに掲載《けいさい》する。ボイスレコーダーも、各種打ち合わせでのやりとりを記録するのに必須《ひっす》。出張時以外《しゅっちょうじいがい》は自宅《じたく》でのリモートワークが多く、パソコンが１台あればさまざまな作業が可能《かのう》だ。

用語　※ プロダクトデザイン ⇒ 製品《せいひん》デザインのこと。道具や機械など、あらゆる製品《せいひん》のデザインを指す。

毎日の生活と将来《しょうらい》

「自宅《じたく》のすぐ近くにあるスキー場から見た景色《けしき》です。休みの日にはスノーボードを楽しむこともありますよ」

Q 休みの日には何をしていますか？

最近、私は北海道に引《ひ》っ越《こ》しをしました。そのため見るものすべてが新鮮《しんせん》で、休みのたびにドライブに出かけたり、近くの温泉《おんせん》に行ったりして楽しんでいます。先日は近所の方に川釣《かわづ》りを教えてもらいました。初めての体験だったのですがとても楽しく、またやってみたいと思いました。

ほかには料理も好きで、マーボー豆腐《どうふ》に酢豚《すぶた》、カレー、鍋《なべ》物《もの》などをよくつくっています。出張《しゅっちょう》が多いので、食材がいたまないように保存方法《ほぞんほうほう》を工夫するのも楽しみのひとつになっています。

「夏に川で釣《つ》りを楽しんでいるところです。初めての釣《つ》りでヤマメを釣《つ》ることができました」

Q ふだんの生活で気をつけていることはありますか？

出張《しゅっちょう》のとき以外は自宅《じたく》でのリモートワークが多いので、仕事の時間とプライベートの時間の境界線《きょうかいせん》をつくりにくくなります。そのため、意識《いしき》して気分転換《きぶんてんかん》の時間をつくるように心がけています。体を動かすとすっきりするので、ジョギングやヨガをよくやっています。出張《しゅっちょう》に出るとなかなか家に帰ってくることができず、体調管理が難《むずか》しいので、なるべく健康によいことをしようというねらいもあります。料理も、最初は健康のことを考えて始めました。

渡邊《わたなべ》さんのある1週間

	月	火	水	木	金	土	日
05:00	睡眠《すいみん》	睡眠《すいみん》	睡眠《すいみん》	睡眠《すいみん》	睡眠《すいみん》	睡眠《すいみん》	睡眠《すいみん》
07:00	食事	食事	食事	食事	食事	食事	食事
09:00	家事	事務作業《じむさぎょう》	オンライン会議 事務作業《じむさぎょう》	移動《いどう》・打ち合わせ	家事 オンライン会議	事務作業《じむさぎょう》 移動《いどう》・打ち合わせ	
11:00	オンライン会議 食事・休憩《きゅうけい》	食事・休憩《きゅうけい》	オンライン会議	事務作業《じむさぎょう》 食事・休憩《きゅうけい》	事務作業《じむさぎょう》 食事・休憩《きゅうけい》		住民の活動サポート
13:00	事務作業《じむさぎょう》 (企画書《きかくしょ》·報告書《ほうこくしょ》作成、 チラシ制作《せいさく》 デザイン作業)		食事・休憩《きゅうけい》 オンライン会議	移動《いどう》・ヒアリング 調査《ちょうさ》			食事・休憩《きゅうけい》
15:00		事務作業《じむさぎょう》	事務作業《じむさぎょう》 移動《いどう》・打ち合わせ		事務作業《じむさぎょう》	休み	
17:00			事務作業《じむさぎょう》	事務作業《じむさぎょう》			出張《しゅっちょう》のため移動《いどう》
19:00	調理・食事	調理・食事	オンライン会議	オンライン会議	調理・食事		
21:00		オンライン会議					
23:00							
01:00	睡眠《すいみん》	睡眠《すいみん》	睡眠《すいみん》	睡眠《すいみん》	睡眠《すいみん》	睡眠《すいみん》	睡眠《すいみん》
03:00							
05:00							

studio-L《スタジオエル》では全員が個人事《こじんじ》業主《ぎょうぬし》※として働いているため、決まった休日はない。仕事のスケジュールのすべてを渡邊《わたなべ》さんが自分で管理している。

用語　※ 個人事業主《こじんじぎょうぬし》 ⇒ 会社につとめるのではなく、個人《こじん》で独立《どくりつ》して事業を始め、仕事をしている人のこと。

Q 将来《しょうらい》のために、今努力していることはありますか？

　いろいろなジャンルの本を買って読んでいます。新しい知識《ちしき》を得《え》たり、自分とは異《こと》なる考え方を学んだりするのに本は最適《さいてき》な道具です。ページを開いて読むだけで、自分になかった世の中の見方を教えてもらえるからです。

　最近読んだ本で印象《いんしょう》に残っているのは、『おもしろい地《ち》域《いき》には、おもしろいデザイナーがいる』という本です。副題に「地域《ちいき》×デザインの実現《じつげん》」とあり、日本の各地でさまざまな働き方・生活をしているデザイナーが紹介《しょうかい》されています。『行動経済学《こうどうけいざいがく》まんが　ヘンテコノミクス』という本もおもしろかったです。人の行動原理をマンガで描《えが》いたところが新鮮《しんせん》でした。

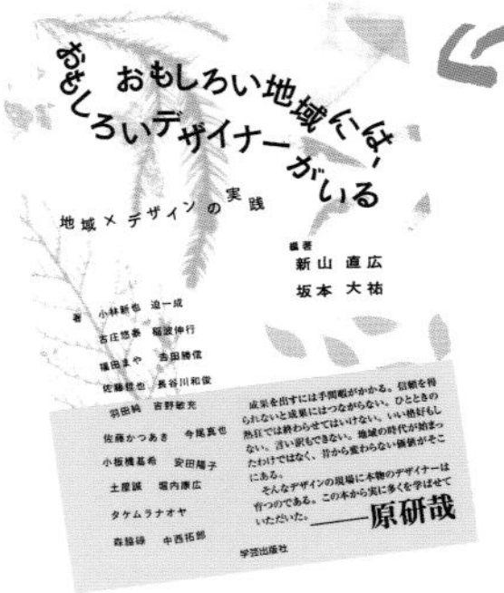

『おもしろい地域《ちいき》には、おもしろいデザイナーがいる』。デザイナーたちの地《ち》域《いき》での実際《じっさい》の仕事の事例が紹介《しょうかい》されている。

『行動経済学《こうどうけいざいがく》まんが　ヘンテコノミクス』。最近の渡邊《わたなべ》さんの愛読書。

Q これからどんな仕事をし、どのように暮《く》らしたいですか？

　人は、見慣《みな》れたいつもの風景のなかにあるすてきなものを見落としがちです。地元の方々が地域《ちいき》の魅力《みりょく》を見つめ直すことを手助けし、デザインの力で課題解決《かだいかいけつ》につなげていくことが私の役割《やくわり》だと考えています。

　地域《ちいき》と同じように、人にもそれぞれ個性《こせい》やすばらしい魅《み》力《りょく》があります。私は、いくつかのプロジェクトを通して、自分の暮《く》らしを自分の力で豊《ゆた》かにしている方々にたくさん出会ってきました。これらの出会いが、自分の財産《ざいさん》でもあります。

　私はまだまだコミュニティデザイナーとしての経験《けいけん》が浅く、教えてもらうことばかりです。けれど、何事にも好奇心《こうきしん》をもって取り組み、自分なりの豊《ゆた》かな暮《く》らしを探《さが》したいです。

会社のスタッフや取引先《とりひきさき》とは、つねにオンラインで連絡《れんらく》をとる。「いつでもつながることができるので、日本各地でのプロジェクト進行が可能《かのう》です」

コミュニティデザイナーになるには……

　写真を撮《と》り、WEB《ウェブ》サイトや誌面《しめん》にレイアウトする技術《ぎじゅつ》を習得するため、グラフィックデザインなどを学べる学校へ進学するのもよいでしょう。建築《けんちく》の知識《ちしき》も役立ちます。広くデザインを学ぶことが、この仕事につながります。一方で、大学の社会学系《しゃかいがくけい》の学部で地域《ちいき》の課題解決《かだいかいけつ》に関する研究を行うと、仕事に対する理解《りかい》を深められます。

高校
↓
大学・専門学校《せんもんがっこう》
↓
大学院
↓
コミュニティデザイナー

（大学・専門学校から直接コミュニティデザイナーへ進む道もある）

子どものころ

Q 小学生・中学生のとき、どんな子どもでしたか？

　小学生のころは恥《は》ずかしがり屋《や》で、あまり目立つタイプではありませんでした。ただ、好奇心《こうきしん》は旺盛《おうせい》で、新しいことに挑戦《ちょうせん》するのは好きでした。楽しそうだなと思って参加したことのひとつに、ガールスカウトがあります。活動のなかで、自分の意見をしっかりもつことの大切さや、それを人に伝える大切さを学びました。そのおかげか、少しだけ積極《せっきょく》性《せい》が出てきたように思います。また、相手の話をよく聞いて、意見が合わなければ納得《なっとく》するまで話し合うという、今の仕事に必要な力も身についたかもしれません。

　中学生になると、勉強を楽しく感じるようになりました。どの科目も好きで、わからないことがあると積極的に先生に質問《しつもん》をしに行っていたのを覚えています。デザインの仕事に興味《きょうみ》があったこともあり、図工や美術《びじゅつ》など、ものをつくる科目はとくに楽しく取り組んでいました。

中学生のとき、2週間ほどオーストラリアのメルボルンにホームステイをした。「左右にいるのは、ホストシスターとその友だちです」

渡邊《わたなべ》さんが中学生のときに読んだ『君たちはどう生きるか』（吉野源三郎著《よしのげんざぶろうちょ》）。「登場人物と重ね合わせて、自分だったらどう考え、行動に移《うつ》せるかを考えました」

渡邊《わたなべ》さんの夢《ゆめ》ルート

小・中学校 ▶ とくになし

仕事について考えたことはなかった。

▼

高校 ▶ デザイナー

祖父《そふ》のために自宅《じたく》を改修《かいしゅう》するようすを見た経験《けいけん》から、福祉機器《ふくしきき》などのデザインや住環境整備《じゅうかんきょうせいび》に関心をもち、デザイナーになりたいと考えた。

▼

大学 ▶ デザイナー

人々の生活を便利にするものをつくるデザイナーになりたかった。

▼

大学院 ▶ コミュニティデザイナー

高齢者住宅《こうれいしゃじゅうたく》や福祉《ふくし》のまちづくりについての研究をし、「モノ」をつくるよりも「コト」のデザインにたずさわりたいと思った。

Q 子どものころにやっておけばよかったことはありますか？

　地域《ちいき》の行事やお祭りなど、まわりの大人《おとな》と関わりをもつチャンスがもっとあったらよかったと思います。仕事で地《ち》域《いき》の伝統芸能《でんとうげいのう》にたずさわる人と知り合ったときに、地域《ちいき》の子どもたちがその人から伝統《でんとう》を受けついでいるのを見て、うらやましいと感じました。

　大人《おとな》になって感じるのは、同年代よりも年のはなれた友だちに悩《なや》みを相談したときに、よい気づきを得《え》られることが多いということです。もらったアドバイスに「ああ、確《たし》かにそうだ」と思えることが多いんです。人生の知恵《ちえ》、生きる術《すべ》のようなものを、もっと小さいときに、もっと遠慮《えんりょ》なく、地《ち》域《いき》の先輩《せんぱい》やおじいちゃんおばあちゃんに聞いてみたらよかったです。

Q 中学のときの職場体験《しょくばたいけん》は、どこに行きましたか？

私の学校では職場体験《しょくばたいけん》の代わりに、卒業生の先輩《せんぱい》が講《こう》演《えん》に来てくれて、大学生活や仕事の話をしてくれました。

なかでも印象《いんしょう》に残っているのは、マンガ家として活躍《かつやく》する先輩《せんぱい》の講演《こうえん》です。その方は、ステージの上で学生時代の思い出を話しながら、同時にそのときの場面をさらさらと絵に描《か》いてくれました。手元にはカメラがあり、私たちは話を聞きながら、当時の情景《じょうけい》が紙に描《えが》かれていくようすを大きなスクリーンで見ることができました。

Q 先輩《せんぱい》による講演《こうえん》ではどんな印象《いんしょう》をもちましたか？

先輩《せんぱい》が描《か》いてくれた絵のひとつに、中学校での授業《じゅぎょう》の場面があったんです。私たちも知っている数学の先生が黒板に数式を書いて教えているようすを、後ろの方の席に座《すわ》る先輩《せんぱい》の目線で描《えが》き出《だ》した絵です。見なれた教室に知っている先生という親近感から、その場にいた生徒みんなが盛《も》り上《あ》がったのを覚えています。

自らの思い出を１枚《まい》の絵でよみがえらせ、瞬時《しゅんじ》に私たちと感情《かんじょう》の共有を生み出した先輩《せんぱい》の技《わざ》に衝撃《しょうげき》を受けました。これがプロの仕事なんだと思いましたね。

Q この仕事を目指すなら、今、何をすればいいですか？

中学生時代は学校の友だちといっしょにいることが楽しくて、学校外の友だちをつくったり、年のはなれた人との交流をもったりすることが少ないかもしれません。けれども、勇気をもって新しいことにチャレンジし、そこで出会う人とのコミュニケーションを大切にしてほしいです。地域《ちいき》のボランティア活動への参加や、趣味《しゅみ》を見つけて地域《ちいき》のサークルに入ってみるなど、中学生でもできることはあります。

不安なら、身近な大人《おとな》に相談してみるのもよいと思います。なぜやりたいのかきちんと話せば、大人《おとな》は、意外と味方になってくれるものなんですよ。

– 今できること –

ふだんの暮《く》らし

まずは、自分が住んでいる地域《ちいき》の特《とく》徴《ちょう》を調べてみましょう。どの地域《ちいき》にも、地域《ちいき》ならではの自然環境《しぜんかんきょう》や伝統文化《でんとうぶんか》、名産品などがあります。それらに関わる行事やお祭り、ボランティア活動があれば参加してみてください。地域《ちいき》の人と交流することで、より深く地域《ちいき》を知ることができます。またこの仕事では、ワークショップを行うことが効果的《こうかてき》です。お楽しみ会のような企画《きかく》があったら、実行委員や司会者をやってみましょう。楽しくみんなを巻《ま》きこんでいくコツが習得《しゅうとく》できます。

国語　依頼主《いらいぬし》や役所に対して、企画書《きかくしょ》・報告書《ほうこくしょ》を書く必要がある仕事です。だれが読んでも伝わるような作文を書くコツを身につけましょう。

社会　日本の地理や歴史《れきし》、文化、政治《せいじ》について学びましょう。また、社会全体のできごとが地域《ちいき》に影響《えいきょう》することもあるので、日々のニュースにも関心をもちましょう。

美術　ポスターなど情報《じょうほう》を伝える作品の制作《せいさく》では、わかりやすさや楽しさを表現《ひょうげん》する方法を考えてみましょう。

体育　各地への出張《しゅっちょう》が多い仕事です。運動をする習慣《しゅうかん》を身につけて、疲《つか》れにくい健康な体をつくりましょう。

仕事のつながりがわかる

デザインの仕事 関連マップ

ここまで紹介《しょうかい》したデザインの仕事が、それぞれどう関連しているのか、見てみましょう。

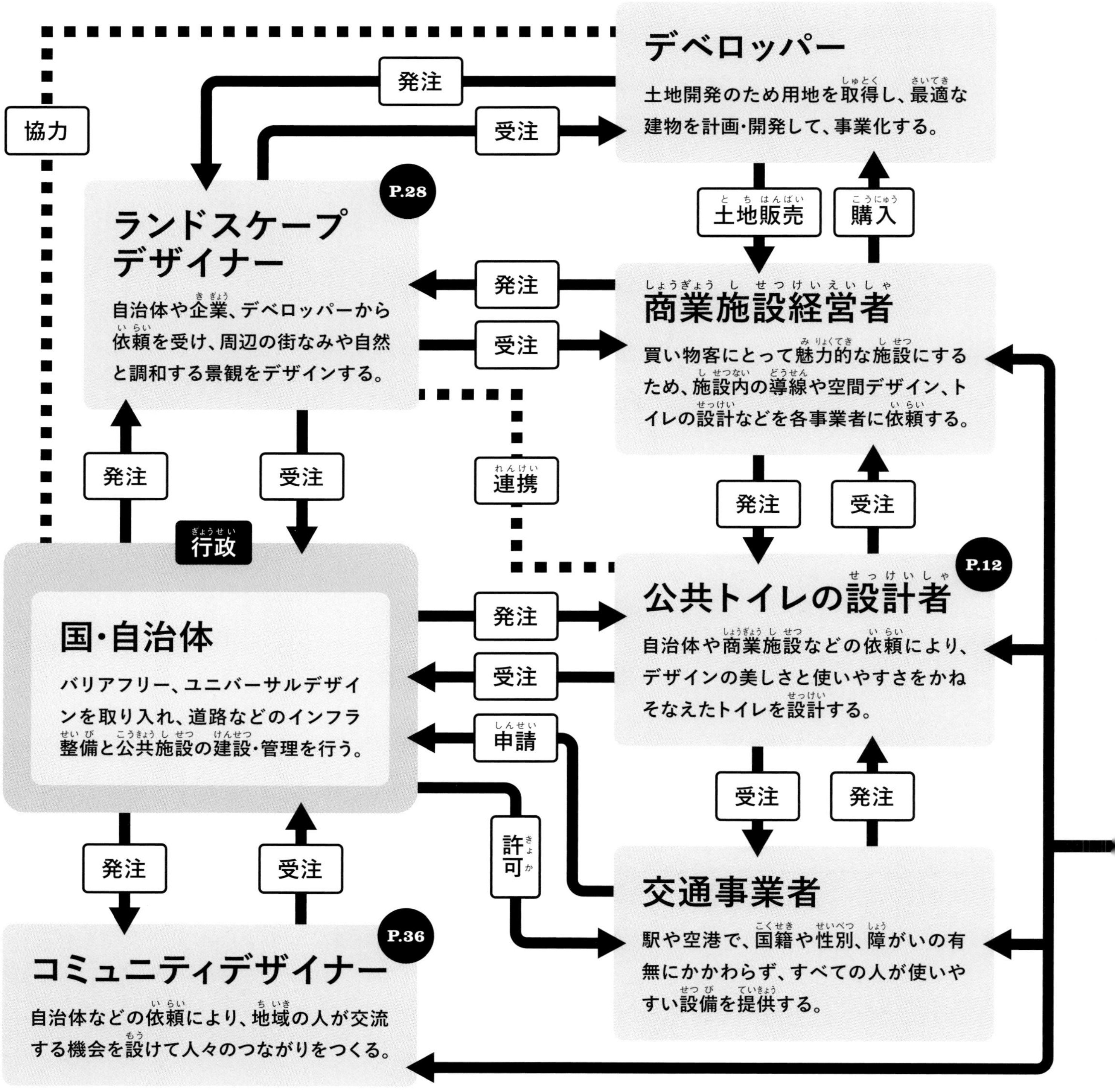

※このページの内容《ないよう》は一例です。会社によって、仕事の分担《ぶんたん》や、役職名《やくしょくめい》は大きく異《こと》なります。

WEB《ウェブ》業界《ぎょうかい》

インターネット関連サービス会社

プログラマー

ユーザーが快適《かいてき》に利用できるようにプログラムを構築《こうちく》する。不具合があった場合はすぐに対応《たいおう》する。

連携《れんけい》

WEB《ウェブ》グラフィックデザイナー

P.20

文章だけでは伝わりづらいWEB《ウェブ》ニュースにイラストや図を入れ、レイアウトをし、見やすいように工夫する。

連携《れんけい》

WEB《ウェブ》編集者《へんしゅうしゃ》・記者

世の中のニーズに合った記事の企《き》画《かく》・制作《せいさく》を行う。カメラマンと取材に出かけて、話を聞き出す。

→ 取材依頼《しゅざいいらい》

← 対応《たいおう》

取材

納品《のうひん》

指示《しじ》

取材

カメラマン

編集者《へんしゅうしゃ》や記者の取材に同行し、取材対象者《しゅざいたいしょうしゃ》・対象物《たいしょうぶつ》の魅力《みりょく》が伝わるような写真を撮影《さつえい》。データを納品《のうひん》する。

製造業界《せいぞうぎょうかい》

モビリティメーカー

近距離《きんきょり》モビリティデザイナー

見た目のかっこよさだけではなく、求められるコンセプトを体現《たいげん》し、世の中に貢献《こうけん》するデザインを考える。

連携《れんけい》

近距離《きんきょり》モビリティ設計者《せっけいしゃ》

P.4

企画《きかく》をもとに設計図《せっけいず》をかき、試作や検査《けんさ》をくりかえす。予算や納期《のうき》を考慮《こうりょ》してデザインを決定。

連携《れんけい》

広報担当《こうほうたんとう》

製品《せいひん》の魅力《みりょく》をPR《ピーアール》するためメディア事業者と交流を図る。社員への取材要請《しゅざいようせい》があれば協力する。

連携《れんけい》

受注

発注

工場

注文に応《おう》じて、製品《せいひん》を大量生産する。

これからのキャリア教育に必要な視点《してん》 39

人に優《やさ》しいデザインが社会を変える

オリンピックで活躍《かつやく》したピクトグラム

2021年夏に、1年おくれで開催《かいさい》された東京《とうきょう》2020オリンピック・パラリンピック競技大会《きょうぎたいかい》。オリンピックの開会式で話題をよんだのが、ピクトグラムのパフォーマンスです。青と白の衣装《いしょう》を着用したパフォーマーが、全33競技《きょうぎ》50種目のピクトグラムをモチーフにしたパントマイムを披露《ひろう》。遊び心あふれる演技《えんぎ》が人々の心を動かし、海外からも大きな関心を集めました。

そもそもピクトグラムが普及《ふきゅう》したきっかけは、1964年のオリンピック東京大会です。当時の日本では外国人向けの案《あん》内標識《ないひょうしき》が整備《せいび》されていなかったため、言語の代わりに競技《きょうぎ》や設備《せつび》を識別《しきべつ》する手段《しゅだん》としてピクトグラムが考案されました。

後にピクトグラムが世界に広まった理由には、著作権《ちょさくけん》が放棄《ほうき》されたこともあります。ピクトグラムの発起人《ほっきにん》であるデザイナーの勝見勝《かつみまさる》氏は、権利《けんり》によって利益《りえき》を得《え》ようとするのではなく、この発明を社会に還元《かんげん》すべきと考えたのです。

広がるデザインの仕事

ピクトグラムは国籍《こくせき》や宗教《しゅうきょう》、世代を問わず、だれもがひと目で理解《りかい》できるようにデザインされたマークです。これは、SDGs《エスディージーズ》(Sustainable《サスティナブル》 Development《ディベロップメント》 Goals《ゴールズ》:持続可能《じぞくかのう》な開発目標)が目指す「誰一人《だれひとり》取り残さない」社会づくりにも貢献《こうけん》します。このように、教育や福祉《ふくし》、災害《さいがい》、育児、産業などの社会課題を創造的《そうぞうてき》にデザインして解決《かいけつ》することをソーシャルデザインといいます。モノの外観や形を決める一《いっ》般的《ぱんてき》なデザインとは異《こと》なり、よりよい社会をデザインの力で構築《こうちく》することを目指すものです。

例えばこの本には、近距離《きんきょり》モビリティの設計者《せっけいしゃ》が登場します。彼《かれ》は、乗りやすく見た目もかっこいい電動車イスをつくることで、だれもが電動車イスに乗ることを選べる未来を思《おも》い描《えが》き、足が不自由な人とそうでない人の垣根《かきね》をなくそうとしています。

また、コミュニティデザインという新しい分野の仕事も

バリアフリーとユニバーサルデザインに関する意識調査《いしきちょうさ》

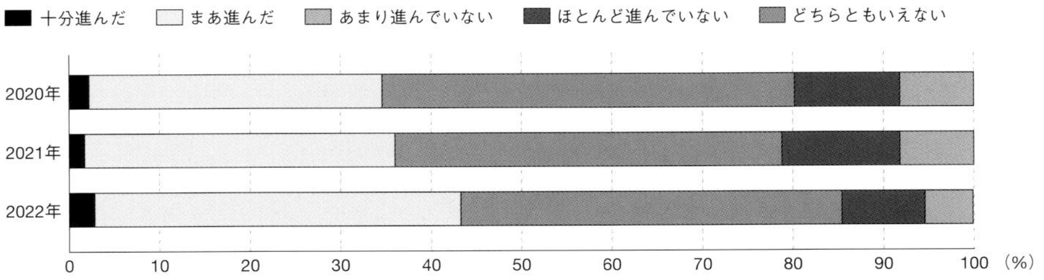

内閣府《ないかくふ》『令和3年度バリアフリー・ユニバーサルデザインに関する意識調査報告書《いしきちょうさほうこくしょ》』より

内閣府《ないかくふ》が全国の15〜79歳《さい》男女に行った、日常生活《にちじょうせいかつ》や社会生活を送る上で、どの程度《ていど》バリアフリーやユニバーサルデザイン(年齢《ねんれい》や能力《のうりょく》などのちがいに関係なくだれもが利用しやすいデザイン)が進んだと思うかという調査《ちょうさ》。「十分進んだ」「まあ進んだ」と答えた人の割合《わりあい》が2022年は43.4%だった。年々増加傾向《ぞうかけいこう》にある。

「シブヤフォント」は、渋谷《しぶや》で暮《く》らし、働く障《しょう》がいのある人と、桑沢《くわさわ》デザイン研《けん》究所《きゅうじょ》の学生たちが協力して創作《そうさく》した。文字や絵柄《えがら》をフォントやパターンとしてデザインしたもので、障《しょう》がい者支援《しゃしえん》事業所《じぎょうしょ》と協同し、東京都渋谷区公認《とうきょうとしぶやくこうにん》のパブリックデータとして公開。だれでも利用できる。データを販売《はんばい》して得《え》たお金は、渋谷区《しぶやく》の障《しょう》がい者支援事業所《しゃしえんじぎょうしょ》への支援金《しえんきん》として活用している。

生まれています。人々の交流が望まれる場所に行って、交流をはばんでいる地域《ちいき》の課題を探《さが》し、課題解決《かだいかいけつ》を手伝う仕事です。この本に登場するコミュニティデザイナーは、この仕事のいいところは、日本各地で魅力的《みりょくてき》な暮《く》らしをしている人たちと知り合い、暮《く》らしを楽しむ知恵《ちえ》を教わることができるところです、と語っています。また、これらの人々の参加で議論《ぎろん》が深まるにつれて、デザイナーが考えもしなかったアイデアが生まれ、楽しく主体的な活動が広がるようすが見られると、大きな喜《よろこ》びを感じます、とも言っています。

　このようにソーシャルデザインは、言葉や障《しょう》がい、年齢《ねんれい》などの壁《かべ》を超《こ》えて人とのつながりを生み、人の温かさを感じさせることができる仕事なのです。

▶ よりよい社会をデザインする

　デザインの仕事で大切なことは、人に優《やさ》しくあることです。インターネットの発達により、これまでは届《とど》かなかった社会的弱者やマイノリティーの「困《こま》っています」の声を、多くの人が目にすることができるようになりました。この声を拾い上げ、多様性《たようせい》のある社会を推進《すいしん》していくためには、デザインのあり方も変えていかなくてはなりません。つまり、これまで以上に多様なユーザーの視点《してん》に立って物事を見る必要があるということです。ユーザーの意見を無視《むし》したデザインは、もはやデザインではないといってもいいでしょう。

　多様性《たようせい》のある社会を実現《じつげん》する上で、日本はまだ過渡期《かとき》です。その意味で、デザインという概念《がいねん》にはまだまだのびしろがあります。だからこの先も、デザインに関する新しい仕事が生まれる可能性《かのうせい》が大いにあるといえるでしょう。

　デザインの仕事を志《こころざ》す人にぜひ実践《じっせん》してほしいのは、身近でだれかが困《こま》っていたらその問題を洗《あら》い出《だ》し、それを社会全体の視点《してん》でとらえ、世の中を変える仕組みを考えること。より多くの人が幸せになる未来をつくる力を、今からみがいてくれることを願っています。

PROFILE《プロフィール》

玉置《たまおき》 崇《たかし》

岐阜聖徳学園大学教育学部教授《ぎふしょうとくがくえんだいがくきょういくがくぶきょうじゅ》。
愛知県小牧市《あいちけんこまきし》の小学校を皮切りに、愛知教育大学附属名古屋中学校《あいちきょういくだいがくふぞくなごやちゅうがっこう》や小牧市立小牧《こまきしりつこまき》中学校管理職《ちゅうがっこうかんりしょく》、愛知県教育委員会海部教育事務所所長《あいちけんきょういくいいんかいあまきょういくじむしょしょちょう》、小牧中学校校長《こまきちゅうがっこうこうちょう》などを経《へ》て、2015年4月から現職《げんしょく》。数学の授業名人《じゅぎょうめいじん》として知られる一方、ICT《アイシーティー》 活用の分野でも手《しゅ》腕《わん》を発揮《はっき》し、小牧市《こまきし》の情報環境《じょうほうかんきょう》を整備《せいび》するとともに、教育システムの開発にも関わる。文部科学省「校務《こうむ》におけるICT 活用促進事業《アイシーティーかつようそくしんじぎょう》」事業検討委員会座長《じぎょうけんとういいんかいざちょう》をつとめる。

さくいん

【取材協力】

WHILL株式会社　https://whill.inc/jp/
有限会社設計事務所ゴンドラ　https://www.gondola-archi.com/
ヤフー株式会社　https://about.yahoo.co.jp/
株式会社ランドスケープデザイン　https://www.ldc.co.jp/
studio-L　https://studio-l.org/

【写真協力】

有限会社設計事務所ゴンドラ　p13
ヤフー株式会社　p21
studio-L　p37
一般社団法人 シブヤフォント　p47

【解説】

玉置 崇（岐阜聖徳学園大学教育学部教授）　p46-47

【装丁・本文デザイン】

アートディレクション／尾原史和（BOOTLEG）
デザイン／藤巻 妃・角田晴彦・加藤 玲・石井恵里菜（BOOTLEG）

【撮影】

平井伸造

【執筆】

酒井理恵　p4-11、p44-47
和田全代　p12-27、p36-43
安部優薫　p28-35

【イラスト】

フジサワミカ

【企画・編集】

佐藤美由紀・渡部のり子（小峰書店）
常松心平・鬼塚夏海（303BOOKS）

キャリア教育に活きる！

仕事ファイル39

デザインの仕事

2023年4月6日　第1刷発行

編　著　小峰書店編集部
発行者　小峰広一郎
発行所　株式会社小峰書店
〒162-0066 東京都新宿区市谷台町4-15
TEL 03-3357-3521　FAX 03-3357-1027
https://www.komineshoten.co.jp/
印　刷　株式会社精興社
製　本　株式会社松岳社

NDC 366　48p　29×23cm
ISBN978-4-338-35902-3

センパイに
聞く

キャリア教育に活きる！

仕事ファイル

第1期 全7巻

① ITの仕事
システムエンジニア、プログラマー
CGアニメーター、プランナー、WEBデザイナー
サウンドクリエーター

② メディアの仕事
映像クリエーター、YouTubeクリエーター、アナウンサー
広告ディレクター、編集者、グラフィックデザイナー

③ ファッションの仕事
ファッションデザイナー
ファッションイベントプロデューサー
カメラマン、ヘア&メイクアップアーティスト
プレス、スタイリスト

④ ショップの仕事
雑貨店店長、アパレルショップ店長
百貨店バイヤー、オンラインモール運営
園芸店店長、書店員

⑤ フードの仕事
レシピサービス運営、調理師、菓子開発者
パティシエ、フードコーディネーター、農家

⑥ インターナショナルな仕事
映像翻訳家、留学カウンセラー、商社パーソン
旅行会社営業、日本ユネスコ協会連盟職員、JICA職員

⑦ 新しいキャリア教育ガイドブック

第2期 全6巻

⑧ サイエンスの仕事
気象予報士、データサイエンティスト
JAXA研究者、JAMSTEC研究者、ロボット開発者
科学コミュニケーター

⑨ 学校の仕事
中学校教諭、特別支援学校教諭、保育士
司書教諭、スクールカウンセラー、文房具開発者

⑩ 住まいの仕事
デベロッパー、建築家、大工、家具職人
プロダクトデザイナー、生活雑貨バイヤー

⑪ 動物の仕事
水族園調査係、WWFジャパン職員、盲導犬訓練士
獣医師、動物保護団体職員、動物園飼育係

⑫ メディカルの仕事
歯科医、フライトドクター、心臓血管外科医
オペナース、医薬品研究者、再生医療研究者

⑬ 伝統文化の仕事
着物デザイナー、江戸切子職人、花火ディレクター
あめ細工師、こけし工人、日本酒蔵人

第3期 全7巻

⑭ マネーの仕事
銀行員、証券会社システム開発、造幣局職員
電子マネー企画、公認会計士
ファイナンシャルプランナー

⑮ スポーツの仕事
スポーツアナウンサー、スポーツマーケター
プロ野球球団職員、スポーツトレーナー
スポーツ用品メーカー営業、eスポーツプレーヤー

⑯ 旅行の仕事
客室乗務員、エコツアーガイド
観光タクシードライバー、日本政府観光局職員
ホテリエ、旅行サイト制作

⑰ 海の仕事
海上保安官、漁師、スクーバダイビングインストラクター
航海士、造船技師、水産食品研究者

⑱ 山の仕事
林業作業士、アウトドアメーカー広報
自然保護官、山岳ガイド、山岳救助隊員、火山研究者

⑲ 福祉の仕事
手話通訳士、点字フォント発明家、介護福祉士
理学療法士、義肢装具士、ケースワーカー

⑳ 美容の仕事
美容師、エステティシャン、ネイルアーティスト
ビューティーアドバイザー、化粧品研究者、美容皮膚科医

第4期 全7巻

㉑ エコの仕事
再生可能エネルギー電力会社広報、フードバンク職員
エシカル商品の企画、国立環境研究所研究員
リサイクル商品ブランディング、フェアトレードコーディネーター

㉒ 鉄道の仕事
鉄道運転士、鉄道運輸指令員、鉄道車両製造
駅弁開発、乗り換え案内サービスシステム開発、鉄道カメラマン